这个国家的新中产

新中产画像与未来商业白皮书

吴晓波频道 ———— 编著

中国友谊出版公司

目录
CONTENTS

01 谁是新中产：悬浮中行进的一代

中国新中产的崛起之路 / 003

谁是新中产 / 007

从价值观、经济、职业和教育来定义 / 008

从消费、财富、职业、家庭和社交来定义 / 010

新中产的自定义 / 012

新中产的 50 条主要特征 / 015

消费 / 016

财富 / 017

职业 / 019

家庭和社交 / 020

02

消费篇：
全方位消费升级和本土认同崛起

消费升级 or 消费降级 / 025

3 次消费升级：满足自我需求的升级 / 028

消费构成：必需型消费、发展型消费、美好型消费 / 030

消费类别：为幸福和发展的需求花钱 / 032

消费结构升级：买没有买过的东西，买更好的东西 / 034

知识付费：收割"60后"至"90后"的新中产 / 036

健康经济：医疗服务是最大支出项 / 040

宠物经济：把宠物作为家庭的重要一员 / 042

消费观念升级：理性消费成主流，新审美崛起 / 044

消费信心：新中产消费信心保持着强劲的水平 / 044

理性消费：消费升级，其实都是在购买品质和时间 / 048

感性精神内核：精致生活消费的审美化倾向 / 051

消费方式：微信和支付宝，把"60后"接入新消费 / 055

新国货崛起：本土创新＋核心技术＋品牌重塑，

告别"崇洋媚外" / 058

市场增量：本土品牌挤占外资品牌份额 / 059

国货之光：中国品牌的量价齐超开始出现 / 061

品牌国别观：相比品牌国别，更在意产品品质 / 065

目录

03  财富篇：
听得到财富存量时代的脚步声

财富观：爱钱，但钱只是工具而非目标 / 071

财富概况：56% 是房产，负债率低，投资意识强 / 073

资产情况：新中产家庭净资产中位数为 371 万元 / 074

家庭负债：平均负债率 18.4% / 076

家庭收入结构与收入支配结构 / 082

财务信心：整体收入增速下降，马太效应明显 / 084

投资行为风格：自称"不懂理财"，但投资结构合理 / 087

投资决策和理财能力 / 087

资产配置：三、四线城市有更高的股权配置 / 090

房产投资：在自己所在的城市购买 / 095

股票投资：2/3 的人购买了股票 / 098

基金投资：偏股型基金成首选 / 099

家庭保障：1/4 会为家庭所有成员买保险 / 102

04

职业篇：
新中产，一种新身份的城市化扩散

职业观：努力工作是共识，晋升、薪酬回报满意度不高 / 107
职业满意度：对同事关系最满意，对晋升慢最不满 / 108
激辩"996"：是过程，不是目的 / 112
职业竞争力与规划：重视领导力，希望职业转型 / 115
职业焦虑："欲求不满"的加薪和晋升 / 117

职业结构：不同的时代，不同的职业选择 / 120
行业分布：IT/互联网是分布最多的行业 / 121
岗位级别：中层管理者居多 / 124
职业选择：不同的时代，不同的选择 / 126
就业城市：集中于一线城市 / 127
新中产的出现过程＝职业结构调整的过程 / 128

职业新趋势：想做多元、兴趣主义的斜杠青年 / 132
"斜杠"人生：做程序员里最会写小说的 / 133
小众新兴职业：新中产崛起的外溢作用 / 136
创业即生活：自我实现大于成就事业 / 140

05

家庭与社会关系篇：变化中的双层社会关系结构

婚恋观：对未婚者而言，婚姻是可选项 / 147

恋爱观：可以同居，但不能未婚生育 / 148

择偶观：要找到那个对的人 / 149

相亲观：不打算轻易将就 / 152

结婚观："闪婚"和"裸婚"都OK / 154

家庭观：既要培养下一代，也要教会上一代新生活 / 156

家庭结构：小家庭化 / 156

子女：以科学方式培养下一代 / 161

父母：教父母"新生活方式" / 168

宠物：一个新的家庭成员 / 171

社会关系：半熟人关系的量最大 / 173

熟人圈层：中学同学质量最高 / 173

半熟人圈层：轻社交和弱关系越来越重要 / 177

06 价值观篇：从传统性向现代性转变

核心价值观：作为"个人"的现代性 / 185

个人的现代化：独立、理性 / 185

"现代人"与"传统人" / 187

新中产的梦想：成为自己的英雄 / 188

"高"而不"冷"：泛文化与泛审美的回归 / 190

不安全感、不公平感和焦虑感 / 193

安全感："90后"新中产比"80后"更有安全感 / 193

公平感：除了教育，其他不公平感较强 / 194

焦虑感：5年提升一个社会层级的烦恼 / 196

新中产价值观漫谈 / 199

对社会流动性的看法：崇尚自我奋斗 / 199

对利己主义的看法：利己才能利他 / 201

对逃离北上广深的看法：能者居之 / 203

对"鄙视链"的看法：一种不成熟的炫耀 / 204

对奢侈品的看法：追求美好生活 vs 炫耀式消费 / 205

对各年龄段人群的看法：艰苦 / 谨慎 / 苦逼 / 互联网原住民 / 206

目录

07

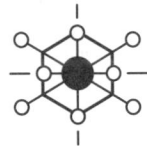

产业篇：围绕在新中产周围的机会

左侧升级：研发和设计要价格脱敏 / 211

新行业：技术创新带来新市场 / 212

成熟行业：核心技术研发和面向本土的快速迭代 / 215

右侧升级：从新品牌和新渠道走出价格竞争 / 217

新品牌模式：圈层、小众和本土审美 / 217

新渠道：私域流量、直播电商和垂直生态 / 220

08

未来商业篇：
抓住 3.5 亿新中产，等于抓住大未来

新中产时代已经到来，你准备好了吗 / 225

新中产人群画像 / 225

未来 81% 的消费由新中产贡献 / 227

重塑价值链：品牌、产品与用户的关系 / 229

知情链下的供应链：与消费者相关的一切都该被感知 / 229

技术化体验：新基建下，让新中产实现"所见即所得" / 232

品牌年轻化：俘获新中产用户的五大入口 / 235

满足感：从功能式消费到体验式消费 / 236

真实感：实在的产品才时髦 / 240

幸福感：赋予产品正向情感 / 241

认同感：识别新中产的价值观 / 242

独特感：与众不同的价值主张 / 243

01

The New Middle Class

谁是新中产
悬浮中行进的一代

Overview

新中产是中国第一次出现的完整意义上的一代"现代化人",是在悬浮中行进的一代。在激荡的 40 多年里,借助改革开放的春风,新中产迅速诞生并站稳脚跟,踏上崛起之路。全新的价值观、较高的经济水平、管理类或专业职业,以及高科学素养的教育,是界定新中产的四大指标。这使新中产在消费、财富、职业、家庭和社交层面具备了全新的特征。

中国新中产的崛起之路

2019年2月19日,吴晓波频道发布了一份长达114页的《2019新中产白皮书》,这份白皮书从多个维度定义和解读了中国新中产群体。事实上,吴晓波频道对新中产群体的观察和研究已经持续了5个年头。

"新中产"这一概念诞生于2015年,关于它的故事要从一只马桶盖说起。

2015年1月25日,吴晓波发表了一篇名为《去日本买只马桶盖》的文章,这篇文章一发表,就引发了社会各界的热烈讨论,可谓"一石激起千层浪"。吴晓波在文中写道:

很多人买了吹风机,据说采用了纳米水离子技术,有女生当场做吹头发试验,"吹过的半边头发果然蓬松顺滑,与往常不一样";

很多人买了陶瓷菜刀,据说耐磨是普通钢的60倍,"切肉切菜那叫一个爽,用不到以前一半的力气,轻松就可以把东西切得整整齐齐了";

很多人买了保温杯,不锈钢真空双层保温,杯胆超镜面电解加工,不容易附着污垢,杯盖有安全锁扣,使密封效果更佳,这家企业做保温杯快有100年的历史了;

很多人买了电动牙刷,最新的一款采用了LED超声波技术,重量比德国的品牌轻一半,刷毛更柔顺,适合亚洲人口腔使用……

最让我吃惊的是,居然还有3个人买回了5只马桶盖。

这款马桶盖一点也不便宜,售价在人民币2000元左右,它有抗菌、可冲洗和座圈瞬间加热等功能,能解决的最大"痛点"是,它适合在所有款式的马桶上安装使用。免税店的日本营业员用难掩喜悦的神情和拗口的汉语说:"只要有中国游客团来,每天都会买断货。"

日本马桶盖的热销引发了吴晓波的好奇,回国后,他带领团队继续研究马桶盖的销售情况,发现松下、惠达和海尔等公司的智能马桶盖销量在2015年分别增长了300%～500%。智能马桶盖的销量为何如此惊人?是谁在为这些价格不低的智能马桶盖埋单?

随着研究的深入,一个有别于传统中产阶级的高消费群体逐渐浮出水面。他们具备较高的经济水平和高消费能力,但很难被忽悠,也不容易被广告打动,他们是"理性消费观"的坚定拥护者;他们喜欢物美价廉的商品,但更愿意为新技术和新体验埋单,是典型的"性能偏好者"。

吴晓波频道将这个新兴的高消费群体称为"新中产","新中产"的概念就此诞生了。巧合的是,"新中产"概念提出之际,恰逢中国传统产业艰难转型、寻找出路的当口,新中产的消费观和消费偏好,给中国企业家们提了一个醒:这是一条出路。

自此,吴晓波频道团队开始研究新中产人群,从消费升级切入,不断从财富、职场、家庭、价值观等维度描绘丰富细腻的新中产画像(见图1-1)。

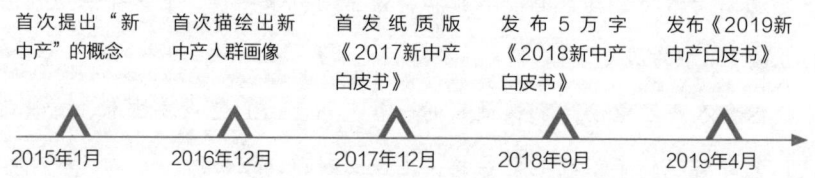

图1-1　吴晓波频道新中产研究5年大事记

5年的时间里，吴晓波频道看到并记录着新中产在职场、财富、家庭等方面的变迁——他们所经历的2015年的股灾、2016年的"逃离北上广"、2017年的保温杯与中年危机、2018年的P2P（互联网金融点对点借贷平台）"爆雷"……

2016年，吴晓波频道邀请两万人参与线上调研，根据调研归纳出了新中产人群的特征，并将新中产特征可视化，首次清晰地描绘出了新中产人群画像。

这一研究结果让许多传统企业找到了新的方向：与其求助于外，到陌生的战场上乱碰运气，倒不如自求突破，在熟悉的本业里咬碎牙根，力求技术上的锐度创新，由量的扩展转为质的突围，赢得新中产群体的青睐。

2017年，十余万新中产参与了吴晓波频道发起的线上调研，为新中产研究提供了更多样化的数据。同时，吴晓波频道团队在北、上、深三地深度访谈了100位新中产，深入挖掘新中产群体背后的故事。

同年12月，吴晓波频道正式发布了第一份对新中产人群的全景式深入调查——《2017新中产白皮书》。这本白皮书从消费、职场、投资等方面描绘了新中产群体的全貌。

随着吴晓波频道对新中产群体的深入研究，其他研究机构和媒体也开始关注新中产、研究新中产。2017年，《第一财经》周刊联合优衣库开展了"中国城市新中产品质生活方式与消费趋势"调查，并出具了《2017中国城市新中产品质生活报告》，对中国新中产的生活和消费方式进行了探讨。

到了2018年，吴晓波频道已经调研10万余人，深度访谈500多位新中产，有了100个新发现。而且在这一年的调查中他们发现，新中产群体普遍认为：通过5年的奋斗，可以将自己的社会层级至少提升一个层次。《2018新中产白皮书》也以更多元的视角呈现了有关新中产群体的方方面面。

同年，胡润研究院也与金原投资集团联合发布《2018中国新中产圈层白皮书》，描绘了新中产圈层的规模、特点和需求，探讨了他们的生活状态、情感现状和财富观；艾瑞咨询发布了《2018年新中产人群生活态度及网络理财安全行为研究报告》《2018年新中产精神消费升级报告》等研究报告。越来越多的机构参与到了对新中产的研究中，这个议题的广度和深度在不断增加。

2019年，吴晓波频道将目光投向了更远处，将研究的重心放在了新中产群体的奋斗与成长，以及给中国经济社会带来的影响上。同年发布的《2019新中产白皮书》中，清晰地呈现了新中产的变迁逻辑和发展走向，以及新中产对产业升级的影响。

在研究新中产群体的5年历程中，吴晓波频道也建立了完整的新中产服务体系。它为新中产人群提供了消费、理财、家庭生活、职业等方面的指导，并陆续上线了一批精品课程，在建立新中产学习地图、提升新中产的认知方面起到了重要作用。

以上就是吴晓波频道发现新中产、研究新中产并建立新中产服务体系的过程。

事实上，早在"新中产"这个概念诞生之前，这个群体就已经存在了。我们可以根据新中产的职业结构，结合中国城市化进程、产业发展和家庭财富情况，大致推断中国新中产的出现过程，即：

● 第一批新中产：体制内成员、高级知识分子和企业主；

● 第二批新中产：一线城市外企白领和部分国有企业白领、更多的企业主；

●第三批新中产：以新一线和二线城市为主，三、四线城市为辅的民营企业白领、创业者。

新中产是由少数"70后"，多数"80后"及"90后"构成的，这3个年龄段分别对应着上述的3个批次。

20世纪70~80年代，我国教育和经济逐步走向开放，社会经济焕发出空前的活力。当时，企业如同雨后春笋般涌出，创业机会增多，第一批新中产也获得了财富积累的好机会。

进入21世纪，互联网技术在一、二线城市快速普及并发展，带来了众多商机。"80后"恰好站在经济发展的新风口上。他们中的很多人抓住机遇，成为第二批新中产。

第三批新中产以"90后"为主，他们可能是第二代新中产，也可能是白手起家的创业者，或是在某一行业内具备专业技能的人才。

总的来说，中国新中产是随着经济发展、产业结构调整带来的职业结构调整的过程而出现的。未来，经济将会进一步发展，产业结构将会再次升级，新一批新中产群体也会继续出现。

中国正在跑步进入中产社会，新中产这一群体的消费、投资理财、职业、家庭和价值观念等，会成为中国商业未来20年中最重要的趋势和最大的机会，不论是对于企业还是对于个人而言，皆是如此。

谁是新中产

据估算，我国的新中产人数在2018年就已经超过了2亿，有关新中产的话题也成为人们的关注点，如：

"年入20万，我是新中产吗？"

"新中产的标准是什么？"

"新中产究竟如何界定？"

这些都是社交平台上热度较高的新中产相关话题。为了解答上述问题，让人透彻了解新中产，我们可以从以下几个角度对新中产下定义。

从价值观、经济、职业和教育来定义

对"谁是新中产"这个问题，可以从价值观、经济、职业和教育这4个方面定义，并根据这4个方面的细分指标来判断一个人是否是新中产（见图1-2）。

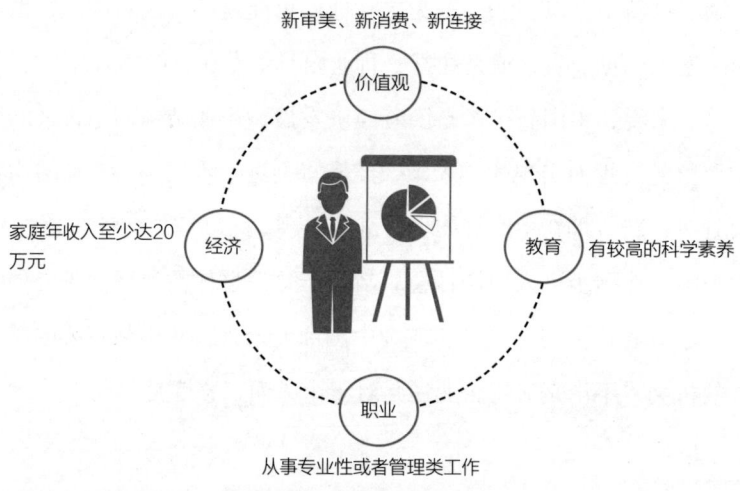

图1-2 新中产界定标准

新中产具备新审美、新消费、新连接的价值观。

在审美层面，新中产有清晰的、符合当代商业美学的审美趣味，既

不人云亦云，也不盲目崇洋媚外。

在消费层面，新中产在满足物质生活的前提下，愿意将更多的时间和金钱投入到自我修养的提升上，消费支出中与体验有关的商品和服务越来越多。

在连接层面，新中产更善于使用移动互联网等工具，突破物理空间的限制，找到价值观、审美观、消费观类似的同好者，进入相应的圈层。

除了价值观，**经济水平也是界定新中产的重要指标，其细分指标主要包括收入与资产水平。**一般而言，新中产的经济水平要满足下述中的1条或者多条：

- 家庭年收入在20万~100万元；
- 家庭年净收入（即家庭年收入除去各项开支）在10万~50万元；
- 可投资资产在20万~500万元。

而且，**新中产大多从事专业性或者管理类工作**，主要包括企业主、企业中高层和各行业的专业白领，高校教师、教育工作者、媒体人、学者等文教职业，以及公务员、事业单位编内人员等"体制内"成员占多数的职业。

除此之外，新中产的基础特征是"80后"，接受过高等教育，来自一、二线城市。根据吴晓波频道2018年的统计，"80后"是新中产的最大子群体，占比为54%，其次是"70后"和"90后"。新中产群体普遍接受过高等教育，超过91.7%的人拥有大学本科或专科学历，其中21.3%拥有硕士或博士学历。即便小部分新中产没有高等教育经历，也具备相应的文化和科学素养。

总而言之，我们可以将价值观的3条标准、资产的3条标准及职业和教育标准，一共8条标准作为硬指标来衡量一个人是否属于新中产。其中，符合全部8条指标的属于高阶新中产（超标新中产），符合6～7条的是标准新中产，符合4～5条的是准新中产。

从消费、财富、职业、家庭和社交来定义

在2017年调研的基础上，吴晓波频道在2018年的白皮书中对新中产的消费、财富、家庭、职业和价值观等方面展开了更深入具体的调研和分析。

在消费层面，新中产群体为幸福和发展的需求花钱，消费形态从以必需型消费为主，向发展型、美好型消费转变；消费形式转变为新增消费（买没有买过的东西）、品质升级（买比原来更优质的东西）和性价比升级（以同样的价格获得更好的商品）。

在财富层面，新中产具有非常强的理财意识，十分注重信用管理，大部分新中产会在中国人民银行征信中心查询自己的信用报告。但在财富知识结构或是理财习惯方面，新中产还有非常多需要补习的课程。在包括负债管理、理财工具和理财配置等其他方面，新中产也还有许多需要提升之处。

在职业层面，新中产最大的特点是创意阶层和新专业主义[①]的崛起，这主要是产业（即就业岗位需求）升级和就业人口结构（即就业供给）均衡调整的结果。

在职业技能的深度和专业度上，新中产人群中存在着通才和专才之辩，即管理型职业规划和专家型职业规划之间应如何选择。在职业技能的广度上，则体现为新中产对知识付费和各个领域基本方法的诉求。他

---

❶ 新专业主义就是技能的多元化、个性化和流动化。

们希望通过这些方式，让自己对某项技能从原本的不熟悉提升到有一定掌握的程度。

此外，快速发展的社会、快速变革的产业格局和快速演变的职业生涯，也带来了新中产的职场焦虑，这表面与"快"有关，内核则是收入或职业发展与自己预期之间的差距。在一直被认为是关系型社会的中国，新中产对职场"办公室政治"几乎毫无兴趣，他们与同事和上下级之间的关系，是他们在工作方面满意度最高的部分。

在家庭层面，新中产对婚姻的看法是希望两个人生活能够好于一个人生活，尤其对于年轻的未婚新中产而言，婚姻是一项高标准的人生大事，如无必要则不结婚。

在处理与父母的关系时，代沟普遍存在，但双方总体上能保持对不同生活形态的理解；在生活习惯上，则存在典型的下一代在文化上对上一代进行反哺的后喻型①社会特点。

新中产与下一代的关系，则体现在不惜代价的高投入中。尽管对这种投入是否过量的争议未有结论，但毫无疑问，对下一代的高投入，预示着在未来20年里，将出现一整代成长在新中产家庭、带有更加典型中产特征的年轻人。

在社交层面，新中产首先将自己视为一个独立的个体，然后才是社会关系中的一员，因此新中产追求更有质量的社交，由此形成了社交圈层化。例如，新中产会因为兴趣爱好而相互结交，不会为了社交而社交。

以上便是新中产在消费、财富、职业、家庭和社交等层面的特征。

---

❶ 后喻型指由年轻一代将知识文化传递给他们在世的长辈的过程。

新中产的自定义

对一个新生事物，人们往往会有不同的定义。新中产在自我认定时，收入、教育和职业不同的两个人，或许就会有两种不同的答案。

比如，对"多少收入算是本地中产的收入起点"这个问题，不同级别城市的人群有着不同的答案。三、四线城市的答案基本相同，并与一线、二线城市形成3个级别。吴晓波频道在2017年针对这个问题做了一项调查，他们将家庭收入分为5个档次：5万~10万元、10万~20万元、20万~50万元、50万~100万元及100万元以上，让不同城市的人群选择自己眼中的"本地中产的收入起点"。

结果显示，15.7%~19.9%的三、四线城市人群认为，5万~10万元是本地中产的收入起点，而同意这一观点的二线城市人群只有8.6%，一线城市人群仅为3.9%。

不过，相比家庭收入，除去各项开支后的家庭净收入更能体现新中产阶层的自我认定。根据上述调查，在家庭净收入在10万~20万元的人群中，48.7%的一线城市人群认为自己是中产，50.5%的二线城市人群认为自己是中产，47.0%的三、四线城市人群认为自己是中产。

巧合的是，家庭净收入为5万~10万元、20万~50万元和50万~100万元的一、二线和三、四线城市人群中，认为自己是中产的比例也基本一致。这说明，不论是在哪一个级别的城市，家庭净收入水平相同的人群，认为自己属于中产阶级的比例非常一致。

中产的标准不仅仅只有收入，还应该包括生活方式和价值观。

吴晓波频道还针对"未来一年是否有出国游的计划？""过去一年旅行的开支是否显著增长？""是否购买了空气净化器、净水器等？""是否购买了医疗类商业保险？""过去一年健身运动的开支是否显著增长？"等问题做了调查。同一净收入水平的家庭，在大部分问题上的选项非常接近，而其中几个问题则是区分他们是否认为自己属于中产或新中产家庭的关键——主要在健康和生活方式方面。

以净收入20万～50万元的家庭为例，他们的教育背景、婚姻、年龄基本一致，但认为"我是中产"的群体在旅行、出国游、购买空气净化器/净水器、商业保险、运动健身等方面的支出显著高于认为"我不是中产"的群体。认为自己属于中产阶层的群体更注重走出去看看，想要增强自己对世界的理解，也更注重健康。他们在消费、审美和与世界的连接方式上，更现代也更加新潮。

在吴晓波频道的调查和访谈中，出现的另一种典型情况是"新中产的高净值化"[①]。有多位我们认为非常符合新中产标准的受访者，自认为并不是新中产，原因在于"目前的家庭资产和收入还够不上"。其中有部分受访者提出了自己心目中的新中产标准，以京、沪、深等城市为例，他们认为新中产的标准应该是：

● 家庭人均年收入在50万元以上；
● 有至少一套无贷房产和一辆豪车；
● 可投资资产在500万元以上；
● 可以不工作也不用担心生活水平直线下降。

看上去，这更像是高净值人群的下限标准，即便在那些超一线城

[①] 净值指不包括住宅、车辆、收藏品等非流动资产的可供投资资产，比如基金、股票等。名下净值至少100万美元者为"高净值个人"。"新中产的高净值化"，即新中产人群的净值呈现上升趋势。

市，符合这个标准的家庭也不会太多。

新中产概念的"高净值化"，或许是由于"记忆的转移"。中国大众媒体上出现大范围"中产"讨论的时期，大约可以上溯至2003～2005年，当时引领大众审美的典型"新中产"，是北上广的外企职员。

就收入和生活水平而言，那时的中国与欧、美、日等发达国家和地区相去甚远，当时外企白领的社会地位相当风光，收入参照企业总部所在国的标准，远高于中国同类型企业，而生活开支则是中国标准。

收入与开支的剪刀差红利，使他们成为中国最早成批出现的西方"中产"生活方式的倡导者和实践者。他们出差入住高级酒店，面试或商业洽谈选在星巴克，开会使用PPT，日常饮品为咖啡等，毫无疑问是当时中国城市大部分居民所羡慕的。他们的社会地位在整个社会中，甚至高于今天的金融、互联网等公认的高附加值行业从业者。

就生活水平的绝对意义而言，今天中国绝大部分的新中产，都可以承受这样的生活方式的成本。但如果在相对意义上，我们将整个社会所有人的生活水平排个序，十几年前外企白领的中产生活方式，大概也约等于以上新中产对"高净值化"的认知。

个人不论以多么高的标准来界定新中产，它都只是作为一个名词被使用而已。但在公共讨论中，我们有必要首先将这个名词的定义阐述清楚。在本书中，我们所指的"新中产"，是以价值观、经济、职业和教育4个维度为界定范围的人群，这或许与部分读者自身对新中产的界定有所出入，在此特别再加以强调。

整体而言，新中产是一个伴随变化和演进的群体，新中产的最大自我认知是"中间感"，这体现在新中产对自我社会地位的评估上。根据吴晓波频道2018年的调查数据，新中产人群认为自己的社会地位处于整个社会的前30%～50%；同时，这还是一个进步的群体，他们认为自己5年前的社会地位位于前40%～60%。在5年之中，他们通过奋斗让自己的社会地位提升了一个级别。

当然，从收入、教育程度、职业或是其他方面而言，他们在全中国的排位绝不至此。比如，新中产几乎都有高等教育背景，但中国目前只有10%的人口是大学毕业，即便算上成人高校，也绝不会超过20%。

换言之，新中产对自己有更高的预期。追求进步的人毫无疑问会比满足现状的人有更多烦恼，也因此，新中产的焦虑感很重。不过，这些大多可以被归结为进步中的烦恼——"目前比原来更好，但我还需要更好"。这种求而尚未得到的心态，我们总结为"悬浮"。

新中产的 50 条主要特征

新中产是中国第一批完整意义上的"现代化人"。就代际意义而言，目前主要由进入而立之年的"80后"构成，在不久的未来则将由"90后"担纲。

他们具备现代化人格的基本特征：个人权利意识、理性化生活观念，兼具全球视野和本土认同。这些价值观念，来自高等教育、职业工作与城市生活中社会合作的经历，以及家庭资产与收入的富足。

将新中产生活方式略加展开，可以总结得到50条主要特征，具体可以按照消费、财富、职业和社交展开。其基础特征如下（见表1-1）：

表 1-1　新中产特征总述

序号	特征总述	
1	平均年龄	33.7岁，"80后""90后"占比74.7%。
2	学历	大学专/本科70.1%，硕/博士24.6%，高中及以下5.3%。
3	家庭年收入	平均值为33.1万元，中位数为25.4万元。
4	家庭净资产	平均值为496万元，中位数为371万元。
5	行业分布	信息产业15.3%（包括互联网7.7%，IT/通信7.6%），制造业13.5%，金融12.2%，建筑/房地产10.7%，政府/事业单位9.9%。
6	职位级别	高层12.5%，中层/团队领导50.2%，基层25.7%，创业/自由职业/个体户10.3%，其他1.3%。
7	婚姻情况	已婚76.7%，未婚19.6%，离异/丧偶3.7%。
8	子女数量	无子女32.6%，一个49.1%，两个17.4%，三个及以上0.9%。

消费

在消费层面，全方位的消费升级和本土认同的崛起，使新中产的消费发生了升级。 这一消费升级是全方位的，从消费信心、消费观、消费需求、消费结构到消费方式。

消费升级的背后，是理性主宰了新中产消费者。他们一方面追求消费者和生产者关系中的主动权，另一方面也破除了长久以来对本土品牌的"歧视"心理。这些因素导致新中产具备以下消费特征（见表1-2）：

表 1-2　新中产在消费层面的特征

序号	消费层面的具体特征	
1	消费观	82.7%认为品质很重要，79%认为节约时间很重要。

续表

序号	消费层面的具体特征	
2	消费信心	94.9%认为收入将增加，54.2%认为增加10%以上。
3	消费升级方式	花更多的钱，买更好的东西，更有效率地花钱。
4	支出显著增加原因TOP 5	养育子女、自我提升、旅行、居住、餐饮。
5	支出加速增加原因TOP 5	养育子女、自我提升、医疗健康、父母、美容。
6	支付方式	81.1%把支付宝/微信支付作为首选。
7	信用卡	91.2%拥有并使用信用卡，但53.2%从不分期还款。
8	家庭用车	84.9%有车，31.9%拥有两辆及以上。
9	国产车数量占比	2016年10%，2019年14%。
10	知识付费	人均买4.6门课，平均花费4263元。
11	奢侈品	60.8%是为了自我犒劳和自我愉悦。

财富

新中产的财富处于存量和增量并重的时期，他们对财富的追求也从增量向增量与存量并重转变。对于新中产来说，已经拥有的东西和想要但未得到的东西一样重要。

这种转变造成了新中产的理财焦虑，他们对理财投资和财富管理有了更强烈和广泛的需求。因此新中产群体在财富层面产生了显著特征（见表1-3）：

其中最显著的特征是，新中产在投资理财上自信心不足，对自我理财能力的评价是满分10分中的5.3分——不及格。事实上，新中产的财务情况,不论是家产分布、收入结构、负债率、投资风格还是风险偏好,并没有他们自以为的那么差。

表1-3 新中产在财富层面的特征

序号	财富层面的具体特征	
1	家庭财产分布	56%在房产(37%自住和19%投资)+17%在储蓄/理财+14%在金融资产(股票/基金/P2P)+7%在公司股权+6%在冷门资产。
2	财务性收入	88.3%的人拥有财务性收入,占总收入的15%。
3	家庭负债	新中产家庭平均负债112万元,负债率18.4%。
4	投资结果	93.4%的人投资理财赚过钱,82.9%亏过钱。
5	风险偏好	54.6%的人风险阈值是亏损10%,85.7%的风险阈值是亏损20%。
6	信用管理	46.60%的人从未看过自己的信用报告。
7	收入分配	38.4%用于消费,34.1%用于储蓄/投资,27.5%用于还贷。
8	理财能力	平均自我评分5.31分(满分10分)。
9	股票投资	最关心因素是基本面,依次是行业格局、宏观走势和企业财务。
10	基金投资	2/3新中产买基金,偏股型基金和货币基金是首选。
11	家庭保障	74.9%的人为自己买了保险,3/5家庭年保费支出5000元以上。

虽然新中产的"财技"其实不弱,但不足也很明显——缺少系统性的认知和规划。这很像走在一条充满岔路的陌生马路上——尽管直觉挺准,但自己眼前的道路充满了不确定性,心里一点底也没有。

在财富存量时代,新中产需要的是一份地图,哪怕是最简单的那种,然后以自我的理性决策能力来优化自己的处境,同时建立足够的信心。理财如是,教育、职业也如是。

职业

新中产群体的崛起，是典型的城市化及产业和职业结构同步变迁的结果。

新中产首先崛起于21世纪初的一线城市；2010~2019年，新一线和二线城市也随着城市化的深入而产生了新中产；接着是20年代的部分三、四线城市。

大学生活为新中产提供了城市生活和现代化生活的预科班；城市基础设施集中建设，带动产业结构升级；第三产业尤其是其中的高附加值行业，为新中产提供了毕业之后的大量就业岗位；中国经济的高速增长，为新中产提供了足够的收入和财产回报。

在职业选择上，新中产正面临科层制终结的时代，生产资源动态组合，组织结构扁平化。 烦冗而低效率的组织内信息沟通，稀缺的晋升机会，以及技术对组织结构的冲击，正在促使新中产理性地思考，"从最优情况考虑，是否应该选择为自己工作"，即是否创业或成为自由职业者。这让新中产在职业层面呈现以下特征（见表1-4）：

表1-4 新中产在职业层面的特征

序号		职业层面的具体特征
1	职业满意度	平均6.55分（满分10分），75.1%在6分以上。
2	最满意	同事关系。
3	最不满意	晋升机会。
4	最烦心日常事务TOP 3	审批/报销流程烦琐，开会次数太多、时间太长，工作被打断。
5	每周工时	平均43.6小时，40.4%超过50小时。

续表

序号		职业层面的具体特征
6	最喜欢拥有的能力	领导力、行业趋势把握能力、时间管理能力。
7	最希望解决的职业问题	职业转型、人脉资源、职业指导。
8	对10年后工作的预期	40%以上希望创业或从事自由职业。

家庭和社交

"80后""90后"新中产在家庭关系中的特殊性，在于他们是唯一既要教上一辈如何生活，又要教下一辈如何生活的人群。这使新中产在家庭和社交层面呈现以下特征（见表1-5）：

表1-5 新中产的家庭和社交特征

序号		家庭和社交具体特征
1	居住情况	71.2%的人与父母分开居住，40%的人与父母不在同一城市。
2	家庭权利	71.4%的男性和80.1%的女性认为自己说了算。
3	家务分配	35.4%的家庭夫妻五五开，38%女方为主，18.5%男方为主。
4	赠送礼物	46.7%的人常给子女买礼物，逢年过节给配偶（66.5%）和父母（63.6%）买礼物。
5	最佳礼物	电子产品给丈夫，珠宝首饰给妻子，玩具送子女，保健品孝敬父母。
6	婚恋观	70.6%赞成婚前同居，12.2%赞成未婚生子。
7	"脱单"方式	一、二线城市靠在线平台，三、四线城市靠亲友介绍。

续表

序号		家庭和社交具体特征
8	子女偏好	61.4%认为男女都可以。
9	子女培育困扰	50.7%工作太忙，47.7%缺少耐心。
10	宠物拥有率	20.4%养宠物。
11	最好的朋友	68.4%的人认为是中学同学，65.1%的人认为是工作同事，61.4%的人认为是大学同学。
12	微信好友数量	平均628个。

在对待下一代的教育问题上，教育焦虑和科学、理性的育儿方式并行。在对待上一代的关系上，"疏离，但感恩和理解"是主流的心态。"80后""90后"在教育背景、知识结构基础等方面全方位超越上一辈，在生活方式上，他们向上一代传授新知识，进行"知识反哺"，将他们引入现代生活。

新中产的社会关系由两层结构构成。内层是数量稀少的熟人，包括家庭成员、关系亲密的近亲和好朋友。外层是数量众多的半熟人[①]或泛泛之交，以及数量更多的陌生人。

社会关系结构的变化体现在半熟人数量的急剧增加，这迫使新中产对他们采取一种近似陌生人的理性处理方式：将自我的个人权利放在第一位，优先于其他任何人；同时，也尊重别人将自己放在第一位的权利。在此基础上，对等交换价值。

---

❶ 半熟人包括不经常联系的同学、不常走动的亲戚等交流频次不高的人。

02

The New Middle Class

消费篇
全方位消费升级和本土认同崛起

Consumption

新中产的消费主题是"升级",是各类消费支出在消费总支出中的结构升级、观念升级及本土认同崛起。在消费结构方面,他们为幸福和发展的需求花钱,消费构成从生活必需型消费为主,转变为以发展型消费和美好型消费为主;在消费观念上,理性消费成为主流,"只买对的,不买贵的",是新中产"新节俭主义"所信奉的原则。新中产消费的另一大趋势,是本土化创新和新国货的崛起。

消费升级 or 消费降级

在中国几代人的成长回忆之中,方便面似乎永远占据着一席之地。曾经红极一时的"好劲道"慢慢退出舞台,豚骨面、火鸡面等成为后起之秀。方便面市场"你方唱罢我登场"的新旧角逐背后,隐含着巨大的经济发展与社会变迁因素。

2019年我国全国居民的恩格尔系数[①]为28.2%,自2000年起已经连续下降8年。这说明随着人们收入和消费水平的提高,用于吃喝的支出比例逐渐下降,其他类型的消费比例开始增加。

人们对生活的追求从"吃饱穿暖"上升至"吃好穿好"的层面,这让曾经广受欢迎的方便面开始遭人白眼,"垃圾食品""油炸不健康"等成为它的固定标签。

方便面市场因此发生动荡。如知名方便面品牌"康师傅",2016年9月市值蒸发超过1000亿港元,被香港恒生指数排除在外。

但"神转折"也就此发生。据专业市场研究机构尼尔森的统计数据显示,2018年,方便面市场销量同比增长3.2%,销售额同比增长8.0%。康师傅、统一两家企业的2018年年报也显示,方便面收入分别较上年同期增长5.73%和5.66%。

[①] 恩格尔系数指食品支出总额在个人消费总额中的比例,计算方式为:食品支出总额 / 个人消费支出总额 ×100%。

方便面市场重铸辉煌，拼多多成功敲响美国纳斯达克上市的钟声，牛栏山二锅头业绩涨势喜人，越来越多的低价市场产品实现了"逆袭"。于是很多人根据其他国家的经验说，这是"消费降级"的标志性信号。

然而，2017年中国经济刚刚出现群体性的"消费升级"——越来越多的人开始购买有品牌的商品，开始为服务、为知识付费，为何短短一年后，消费就突然降级了？

显然，"消费升级"与"消费降级"的提法是存在矛盾的。很多人基于直观感知，将一些所谓"低质"商品的热销等同于"降级"，如方便面、榨菜等，这一论断忽视了中国社会阶层和居民需求的多样性。关于这一点，我们通过方便面的一些数据就能窥得隐藏于消费概念下的真实图景。

尼尔森梳理康师傅和统一的年报发现，其方便面收入的增长离不开一个关键词，即"产品升级"。据康师傅2018年年报，该公司逐步布局高端和超高端市场，将原本的高价面、高端面合并定义为"新高价"，并将10元以上的桶面定义为"超高端"，同时以多规格、多口味产品创造消费场景，满足消费需求，结合IP（知识产权）合作、多媒体营销等方式，吸引年轻家庭。

正是这些"高端面"，直接拉动了康师傅、统一等企业的方便面业务的增长。数据显示，2018年，康师傅高价袋面的销售额同比增长10.61%，容器面的销售额同比增长5.50%，而售价较低的干脆面等产品的销售额却较上年同期下滑23.92%。

所以，仅从商品价格或质量来判断消费的"升"或"降"，是有失偏颇的。

"消费降级"观点的提出，从宏观背景来看，是因为**中国社会零售消费总额增速及城镇居民人均消费支出增速的双双持续性下降**（见图2-1）。

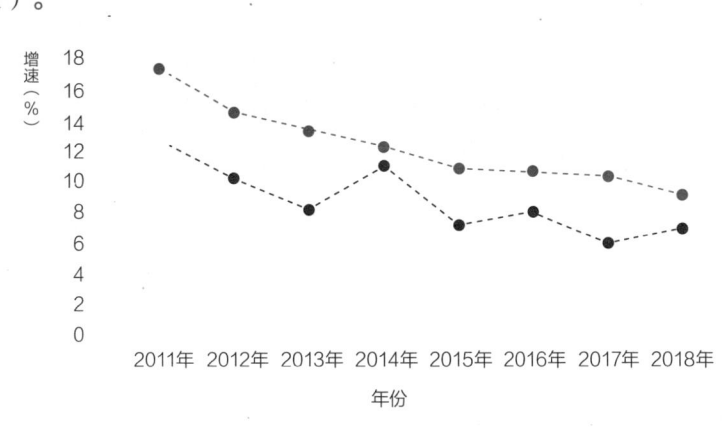

图 2-1 中国社会零售消费总额增速及城镇居民人均消费增速
（数据来源：国家统计局）

根据国家统计局2019年2月公布的数据，2018年全国社会消费品零售总额增速为9%，比上一年的10.2%有所下降。比如，福建2018年全年社会消费品零售总额增速为10.8%，比第1季度的12.7%几乎下降了2个百分点。重庆、贵州、海南、北京、天津2018年社会消费品零售总额增速分别为8.7%、8.2%、6.8%、2.7%和1.7%，分别比第1季度增速放缓了2~5个百分点。

但是，社会消费品零售总额增速放慢，是因为该领域受到国内外多重因素的影响，特别是与汽车和住房相关的一些商品消费出现阶段性的增长乏力。2018年消费增速比2017年回落1.2个百分点，说明消费发展过程中还存在诸多变数，危与机并存。

所以，不能单看这个数据来判断消费是否降级。

当然，不可否认的是，在消费者群体中，确实存在局部性的消费降级行为。这些局部的消费降级，**来自其他消费造成的挤出效应。**

一部分原因是过去5年一轮的房价大涨之后，对新购房群体的消费造成了挤出；另一部分原因，则是过去数年中消费金融快速普及，带动一部分消费群体的超前消费，这当中超出消费能力的部分，同样对其他方面的消费造成挤出。

消费降级局部客观存在。但从本质来看，消费降级在更大程度上是部分消费群体的消费结构变化所带来的结果。

这在整体上其实就是消费升级的体现。

3次消费升级：满足自我需求的升级

"不说别的，从我家20年内换的3个电饭煲，就能看出消费变化。"1989年出生的陈彦辰说。

1999年，陈彦辰家里买了第一个电饭煲，上下两层结构，是三角牌的。家人购买时只考虑了煮饭时间更短和经济能力，这款电饭煲虽然有时会糊锅，但质量好，用了8年，陪伴陈彦辰度过了少年时期；2007年，陈彦辰家将三角牌电饭煲换成了松下牌的，知名品牌，性能更强，不仅可以煮饭，还具备保温、煲汤、定时等多种功能，而且基本上不会糊锅；2012年，陈彦辰买了一款进口的智能预约电饭煲，这款产品的性能、口碑和品牌广受好评，使用了电磁加热技术，能够让米粒有良好的受热状态，煮出来的饭口感颇佳，而且能够在前一天晚上预约时间，做好第二天的早饭。这让陈彦辰减少了做饭花费的时间，感觉生活水平得到了提高。

电饭煲在升级，其他家电也没落下。洗衣机由只有单一清洗、甩干功能的双桶半自动型洗衣机，换成了能烘干、能洗羽绒服、除菌、除味的全自动智能滚筒洗衣机；电冰箱由冰柜式换成了省电、具有保鲜效果和能看烹饪视频的三开门冰箱……

陈彦辰是一个标准的新中产，他的经历是中国大规模消费升级的一个注脚。与几十年前相比，如今人们在"买什么"和"怎么买"这两方面都发生了巨大变化。

过去40多年，中国在改革开放的过程中经历了数次消费升级，它们本质上都是中国消费者在不断提升和满足自我需求。

●**第1次消费升级是在1978～1992年，这一阶段的中国处于短缺经济阶段。**

1978年，中国城镇居民家庭的恩格尔系数是57.5%，农村居民则是67.7%，而1978年日本居民的恩格尔系数不到30%。

●**第2次消费升级是在1992～1998年，这一阶段发展最快的行业是饮料、服装、家电和零售业，满足了人们吃、穿、用的需求。**

这一阶段，这些行业的消费品出现了过剩，产品必然能够卖出去的格局被打破，供给方必须在基础功能之外挖掘更多的属性，才能将东西卖出去，于是"品牌"在这一轮消费升级的过程中开始成为消费者的诉求。

●**第3次消费升级是在1998～2014年，这一阶段的核心是城市化。**买一套房、一辆车是最重要的消费需求，"以城里人、大城市的方式生活"成为消费者的核心诉求。

2019年后，正在进行的新一轮消费结构升级转型正驱动着相关产业的增长。在这一过程中，增长最快的是教育、娱乐、文化、交通、通信、医疗保健、住宅、旅游等方面的消费，尤其是与IT产业、汽车产业及房地产业相联系的消费增长最为迅速，以云计算、大数据、移动互联网、物联网、人工智能为代表的新一代信息技术消费呈爆炸式增长。

不难发现,每一次消费升级的主要消费内容,其侧重点虽有所不同,但无不反映当时相应行业的发展方向与趋势。

在表象上,消费升级体现为诸多新的消费现象。比如,某些商品客单价比原来高,某些商品价格没有提高但质量变得更好了,某些细分市场的小众商品开始流行,更多满足体验性需求的消费出现。

剥开消费升级本身的定义,其关键词体现在4个方面:

● 支出:花出去的钱更多了;
● 结构:需要花钱的地方变多了;
● 升级:买的东西更加高档了;
● 层次:满足消费的心理需求提升了。

新中产的消费升级是新一轮消费升级的核心力量。我们可以从消费构成和消费类别来对其进行分析。

消费构成:必需型消费、发展型消费、美好型消费

进一步来分析历次消费升级的不同之处可以发现,随着经济的不断发展,每次消费升级对应的重点消费品,同样经历了一个由低级向高级转变的过程。鉴于消费的主体是人,那么消费品的变迁反映的就是人们需求层次的变化。于是,消费升级正是马斯洛需求层次理论的一种外在表现。

根据马斯洛需求层次理论,人类的需求由低到高,分为生理需求、安全需求、社交需求、尊重需求、自我实现需求。

消费升级恰好迎合了这一逻辑。在前两轮的消费升级中,新中产的衣食住行等基础性需求基本得到了满足。2014年之后,在新中产引领的新一轮消费升级中，增长最快的是娱乐、文化、教育、交通、通信、医疗保健、住宅及旅游等方面的消费。

而在衣食住行等方面，消费则出现了分化。比如，汽车从一种准奢侈品变成日常用品，汽车的社会地位属性下降，而实用属性上升。因此在品牌之外，其本身品质和实用属性的重要程度，在理性的新中产消费观中得到了提高。

所以，新中产的消费需求可以对应和简化到更具体的消费层级上（见图2-2）。

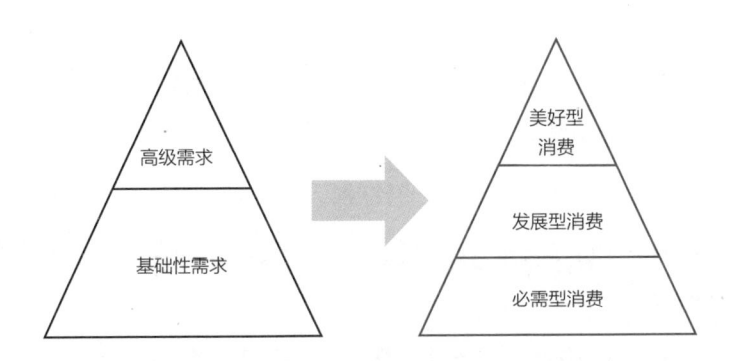

图2-2 新中产消费需求对应的消费层级

为了帮助大家更直观地了解新中产对必需型消费、发展型消费和美好型消费的需求，下面用表格来呈现给大家（见表2-1）：

表2-1 新中产消费层级与需求的对应

消费层级	消费需求
必需型消费	满足生理需求和安全需求的消费，包括衣食住行这些日常最基本的支出。

续表

消费层级	消费需求
发展型消费（功利型消费）	所有的这一类消费，都是为了外在的目标，为了让自己变得更好。与其说它们是消费，不如说是一种带有自我投资属性的支出，为此消费的新中产希望有一天能够从中得到更多的回报。比如，大多数人认为效率、能力、魅力、地位、财富和健康对于一个人而言是正面属性，新中产受到这一社会观念直接或间接的影响，追求其中的全部或是部分。
美好型消费（幸福感消费）	非必需型消费。与发展型消费不同的是，美好型消费是纯粹花钱买开心、买幸福感，或是花钱减少不幸福感，是一种基于兴趣、真正源自内心的消费，不受外在因素的限制，是"把生命浪费在美好的事物上"。

新中产消费升级的结构性变化在于：以上3种类型的消费虽同时处在增长的通道中，但分化已经十分明显，发展型消费和美好型消费的增长幅度显著高于必需型消费。

新中产通过消费透露出他们潜在的人生观和价值观：不论出于外在（发展型消费）或是内在（美好型消费）的动机，他们都希望自己的生活变得更好。

消费类别：为幸福和发展的需求花钱

2019年1月21日国家统计局发布的《2018年居民收入和消费支出情况》显示，全国城镇居民支出结构中，占比提升最大的两项是**居住和医疗**，其次是**文教娱乐**，占比增加的还有交通通信和生活用品及服务（见图2-3）。

而在支出结构占比中明显下降的，是生活必需品、吃和穿。吃、穿、用的占比排在后3位，医疗和文教娱乐则是支出提升较快的消费类目。居住是一项例外，其本身是必需型消费，但在实际的支出中，居

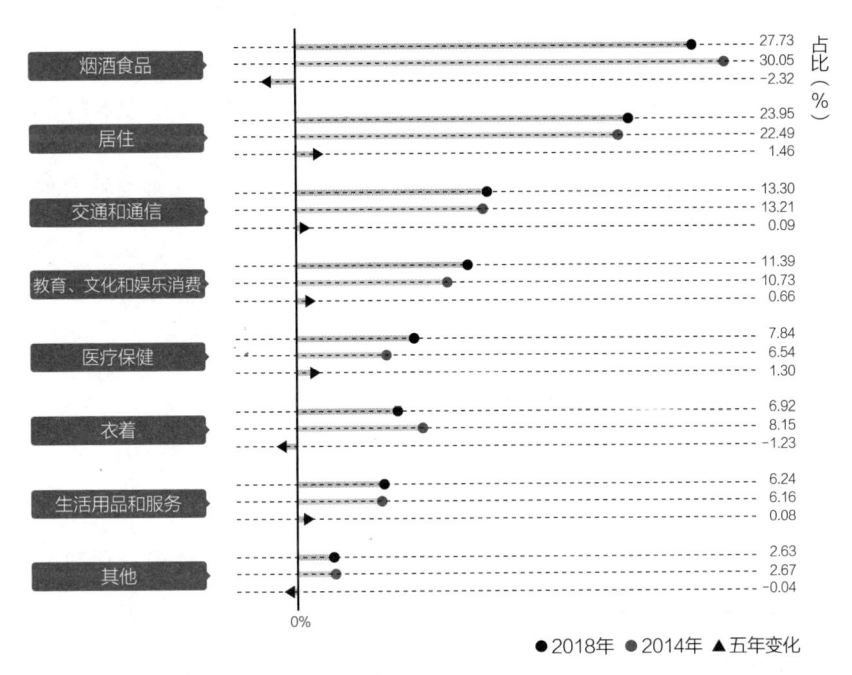

类别	2018年	2014年	五年变化
烟酒食品	27.73	30.05	-2.32
居住	23.95	22.49	1.46
交通和通信	13.30	13.21	0.09
教育、文化和娱乐消费	11.39	10.73	0.66
医疗保健	7.84	6.54	1.30
衣着	6.92	8.15	-1.23
生活用品和服务	6.24	6.16	0.08
其他	2.63	2.67	-0.04

图 2-3　全国城镇居民支出结构变化
（数据来源：国家统计局）

住更多体现为对房价上涨预期的投资行为而非消费行为（即便是购买自住房）。

综合而言，中国居民的消费结构在过去几年中的典型变化，是必需型消费占比快速降低，而发展型消费和美好型消费同步快速提升。在消费类别上，前者与后两者存在着显著的层次高低之别。

这种区别，来源于居民必须在必需型消费得到满足后，才会将发展型消费和美好型消费不断拉进消费清单，成为他们的主要支出构成。

在必需型消费需求，如吃、穿、用等得到充分满足前，发展型消费和美好型消费偶尔会成为生活的点缀，但绝不会成为居民消费的日常。

所谓的消费升级，便是这种消费群体从低层次需求的满足感溢出，到消费重心向高层次消费位移的过程。

新中产的消费行为，是这一过程最典型的体现。他们为幸福和发展的需求花钱，消费构成从生活必需型消费为主，转变为以发展型消费和美好型消费为主。

消费结构升级：
买没有买过的东西，买更好的东西

不知你是否对自己近一两年的花费做过统计？换句话说，你知道这两年你的钱都花到哪里了吗？

2019年，吴晓波频道针对"新中产消费能力"做了调查统计，调查的第一个问题是：最近1～2年，你在哪些方面的消费显著增加了？

调查结果显示，2019年有51.2%的新中产认为自己在养育子女方面花的钱显著增加了，而这个数字在2017年是49.6%。与过去相比，同样出现增长的项目还有学习和自我提升、医疗健康、美容及宠物。这些消费项目都属于发展型消费和美好型消费。

与之相反，出现减退的项目有通信、人际交往、休闲娱乐、服饰和居住。这些消费项属于必需型消费。

一个最佳的例子是"双11"购物节。第一届"双11"于2009年举办，参与的淘宝商家品牌只有李宁、联想、飞利浦等27家，交易额是5200万元（大约相当于日常交易金额的10倍）。其后每一年的11月11日，都是全国电商和消费者的节日。2019年的"双11"，天猫的交易量达到了2684亿元。但大部分新中产对"双11"的参与度并没有那么强烈，一半的人只买了少量东西，另有35.8%的人没有关注，只有12.3%的人深度参与其中。

有着留学经历的金融从业者Jeff现在在上海工作，2018年，他买了一辆车龄不到两年的二手车，花费30万元左右，而这款车新车价格大约是50万元。Jeff的爸爸是个比较传统的人，他认为，既然已经花了30万元了，何不再稍微多花一点钱买辆新车。而作为新中产的Jeff则对是不是一手车并不在意，他更看中这款车的性能、外观和个性。他说："现在满大街都是好车，谁还关心你开的车是不是'大奔'。"

从这些变化中，我们可以看出一种趋势——新中产的消费形态从以生活必需型消费为主，转变为以发展型消费和美好型消费为主。他们越来越喜欢把钱和生命"浪费"在美好的事物上，愿意去体验世界的美好，也愿意让自己变得更好。

当然，理论上，在消费升级的过程中，随着收入的增加及需求的提升，每个方面的开支都会逐步增加。而通信、人际交往、休闲娱乐和服饰的升级失速，意味着它们是相对更快得到满足的需求。

这并不难理解，因为服饰、通信、居住的支出频次低（甚至是超低频次），并且达到一定的开支水平之后，并不需要有显著提升。而休闲娱乐和人际交往则都是占用时间较多的行为，频次和支出水平达到一定程度之后，很难再有持续性提升。

关于针对子女和父母的消费，我们将在家庭篇展开分析。除此之外，学习和自我提升、医疗健康（及美容）、宠物，是新中产消费升级加速最典型的支出项，下面逐一分析。

知识付费：收割"60后"至"90后"的新中产

南京秦淮区龙蟠中路公交车站台，广告牌上的塑料已经破裂，明黄色的广告语上也蒙上了一层灰，不过依旧亮眼。广告牌的主角早已不是惯常的手机或日化用品，而是一个知识付费App（应用程序）——南京这个有着800多万人口的二线城市，早已经开始接受知识付费的"按摩"了。

31岁的陈伟（化名）在南京从事培训讲师工作，是一个典型的新中产。每天上下班开车的时候，他会听一些付费音频，听到有趣或者觉得有用的点，他就会趁着下一个红灯把这一节收藏了，周末的时候集中整理。这当中有些可以直接变成他讲课的素材，有些可能需要再补充一些资料。另外，他每年要看30～50本书，每个月看几十份行业或者经济报告，每天还要看很多订阅文章和新闻，一年下来有几千万字的文字输入。

陈伟每天在知识付费方面的花销和对知识付费的青睐，只是新中产人群的一个缩影。从2018年开始，我们观察到一个很令人欣慰的现象——越来越多的人开始乐意为知识付费了，特别是新中产。甚至有人调侃道："新中产为知识付费和老年人买保健品没有任何区别。"

2019年，吴晓波频道对新中产知识付费类产品消费的情况进行了统计调查，这次调查围绕两个问题展开：

问题一：你购买的知识付费类产品和课程有多少种？

调查结果显示，90.4%的新中产买过知识付费类产品和课程，23.7%的新中产购买知识付费产品和课程超过5种（见表2-2）。

表 2-2 对新中产知识付费情况的调查结果（1）

你购买的知识付费类产品和课程有多少种？	
数量/种	人数占比/%
0	9.6
1~2	31.9
3~5	34.9
5~10	14.8
10~20	4.8
20以上	4.1

问题二：这些产品和课程你花了多少钱？

调查结果显示：33.6%的新中产花费低于500元，21.4%的人花费在500~1000元，9.4%的人花费超过10 000元（见表2-3）。人均花费是4263元。

表 2-3 对新中产知识付费情况的调查结果（2）

这些产品和课程你花了多少钱？	
金额/元	人数占比/%
0	2.1
500以下	31.5
500~1000	21.4
1000~2000	15.2
2000~5000	13.3
5000~10 000	7.2
10 000~20 000	5.1
20 000~50 000	3.0
50 000以上	1.3

或许你从这些数据中感受不到什么，那么我们再来看一组数据，"智研咨询"对知识付费情况进行调查整理后，**预测2020年，知识付费人群基数将达2亿。**

看到这个数字，或许你会认为：知识付费是年轻人的专属，只有年轻人才会愿意花钱去购买知识提升自己。但事实并非如此，"知识付费"横跨了"60后"到"90后"的新中产，"60后""70后""80后""90后"4个代际新中产群体的平均买课量相差甚微。而购买了5门以上付费课程的新中产中，"60后"占比反而最多，达到了32.9%，超过"70后""80后""90后"。这些数据直观地反映出：**知识付费，收割了"60后"至"90后"的新中产。**

需要特别说明的是，虽然"60后"的新中产买课量最多，但花的钱却是最少的，仅仅相当于"80后"和"90后"的2/3，且不到"70后"的一半。"70后"虽然是购课量最少的群体，支出却是最多的，且远超其他3个代际群体。"80后"和"90后"无论购课量还是支出，基本相仿。

为什么"60后"和"70后"这两个新中产群体会有如此大的量价失调？

主要原因在于单课的价格。"70后"购买了更多千元以上的课程，而"60后"则购买了更多99元或是199元的入门级课程。

如果根据城市来分析购课量和支出，也存在类似的情况，新一线及二线城市的购课量多，而一线城市的开支最多。

我们或许可以假设，购课量和开支，与行业、岗位和工作性质有关，未来值得做更细致的研究。

不管是知识付费收割4个代际群体的新中产，还是"60后"和"70后"产生量价失调，都与知识付费的内在驱动有关。知识付费在需求端的主要驱动力为知识需求的升级和消费的升级。在发展迅速的互联网时代，新中产的知识需求发生了升级，新中产的主动学习有显著的跨界化、碎片化和终身化的特点。这两种升级提升了新中产的知识付费意愿，从而带动付费转化率和年ARPU值[①]的提高。新中产的知识付费意愿主要来自3个方面：

- 对知识的刚性需求；
- 可支配收入的提高；
- 内容付费习惯及正版意识的转变。

任何一种发展都是与其他文化碰撞、交流、融合的过程，知识付费也不例外。2019年岁末年初，因为几场跨年演讲，知识付费被推到风口浪尖，甚至被冠上"年轻人的权健"的恶名。

很多人批评知识付费，说它贩卖"知识焦虑"，孰是孰非，很难说清楚。但在它已经到来之际，我们不能一边高喊知识可贵，一边却大门紧闭拒绝给它赋值。很多人在面对知识付费扑面而来的信息流时，会感到紧张、担心，害怕自己被裹挟、被吞噬，害怕自己积累的知识不够用，害怕自己掉入知识付费的黑洞……

事实上，如果指望一门在线课程为你搭建一个知识框架，自己却不去系统思考，你的知识体系肯定很容易坍塌。我们应该把碎片化学习当成工具，而不是目标。如果我们能避免以知识为名的非理性消费，学会对知识从善如流，而非刻意攀比、制造焦虑，我们就可以因知识付费而有更丰富的获益。

[①] ARPU（Average Revenue Per User）值是指每月用户贡献的收入，计算公式为：总收入/用户数＝ARPU值（元/月）

健康经济：医疗服务是最大支出项

在快节奏的生活中，新中产会把大量的时间和精力投入工作中，生活作息不规律和不良的饮食习惯等，直接导致各种健康问题接踵而至。

健康是无形资产，越来越多的新中产对健康问题重视起来，不断尝试各种更加健康的生活方式。为了追求更舒适的生存环境，他们甚至会为雾霾、饮用水及食品安全等问题寻求更加合适、合理的解决方案。这也导致在新中产的消费结构里，医疗服务是最大支出项。

吴晓波频道对"2016年和2019年新中产健康消费情况"进行了调研，情况如下（见表2-4）：

表2-4 2016年和2019年新中产健康消费情况　　单位：%

一年里消费的健康项目（多选）	人数占比（2019年）	人数占比（2016年）
医疗服务（体检、牙齿口腔检查等）	63.50	47.60
健身卡/游泳卡	59.00	40.00
自费医疗保险	49.00	25.30
自购器材锻炼	44.00	38.40
购买保健品	36.40	30.10
美容保养类消费	33.90	26.70
健身私教课程	22.10	13.30

调研结果显示：医疗服务、健身卡/游泳卡、自费医疗保险成为新中产保障自我健康的三大产出。相比2016年，越来越多的新中产选择自费医疗保险来为自己的健康兜底。

"健康经济"既体现了新中产的新生活方式，也反映了新中产的消费习惯。吴晓波频道对"你的家庭在健康方面的消费金额"的统计结果显示：**新中产在健康方面的支出金额，大多数在3000～8000元。**

在这些"健康支出"里，"健身"是绝大多数新中产已经习惯的健康消费方式，飞到世界各地去跑马拉松、健身时请私教等，对于新中产来说，"治愈力"会更强。

比如，马拉松赛是一项有一定难度，被新中产赋予丰富含义的运动，这种心态被准确地体现在村上春树的《当我谈跑步时 我谈些什么》里。当然，村上春树本身也是一位被中产阶层热捧的作家。

29岁的新中产陆先生是武汉的一名销售员，他认为自己以前的身体素质还不错，但工作几年下来，明显感觉身体变差了。有一次出差回来，第二天他感觉特别累，脑袋一热就去办了健身年卡，前两个星期还能坚持去，后来事情一多，就把这事抛在了脑后。但现在他已经形成了固定的运动习惯，主要原因是上了私教课。刚开始有教练向他推销私教课时，他不屑一顾，后来因为想激励自己坚持锻炼，便买了300元一节的私教课。几节课上下来，他认为私教课还是很有价值的，自己的钱花得值。

除了保障身体健康的支出，越来越多的新中产在日化产品的消费上更关注其健康属性，比如购买绿色健康的洗护产品。以洗衣液为例，受到新中产关注的健康特性主要体现在"天然成分"上。第一财经商业数据中心（CBNData）的消费大数据显示，源于植物的天然洗护概念受到消费者欢迎，线上消费规划和消费人数逐年增长。

具体而言，主打"酵素""茶籽""椰子油"等天然提取成分的洗护产品，更容易吸引新中产。例如，立白洗衣精华液以集合多种天然精华成分的温和洗护效果而受到新中产的欢迎。

著名经济学家保罗·皮尔泽在《财富第五波》一书中认为，继蒸汽机引发的"机械化时代"，以及后来的"电气化时代""计算机时代"，和最近的第四波"互联网时代"之后，当前已经到来的是"健康保健时代"，而健康产业也将成为继IT产业之后的全球"财富第五波"。

未来，城市消费者在商业健康保健方面的支出将持续增长，医疗保健供应商、保险公司、医疗设备制造商和制药公司将迎来巨大的机遇。

宠物经济：把宠物作为家庭的重要一员

2020年新冠肺炎疫情期间，哪种人最焦虑？

大概是将宠物留在出租房里回家过年的年轻人。意外的长假让小别7日变成归期难定，抢救爱宠迫在眉睫。疫情触发的养宠焦虑正在加速宠物经济迭代。当"铲屎官"的养宠观念和心理发生微妙变化时，一场关于"宠物经济"的消费风暴也悄然而至。

《2019年中国宠物行业白皮书》显示：2019年，中国养宠家庭数量为9978万户，城镇宠物消费市场规模达到2024亿元，同比增长近两成。在2019年的淘宝"三八"购物节和天猫"双11"购物节上，猫粮一举超越婴儿奶粉，成为天猫国际最受欢迎的进口商品。根据国元证券的估算，到2020年，我国宠物市场规模预计超过2500亿元。

"宠物经济"悄然崛起的背后，是都市青年的情感诉求。吴晓波频道对"你认为养宠物的人是出于什么目的"这一问题的统计结果显示，越来越多的人认为宠物能够为家庭增加生活元素、消除孤寂（见表2-5）。人们把宠物作为家庭的重要一员，经济独立的新中产"铲屎官"们也越来越舍得为"猫主子"或"狗主子"花钱。

随着"宠物经济"的发展如火如荼，我们很想了解，到底新中产是如何为宠物们花钱的。有一系列数据能为我们答疑解惑。

表 2-5 对养宠物目的的调查结果

单位：%

你认为养宠物的人是出于什么目的？	
目的	人数占比
为家庭增加生活元素	34.7
喜欢小动物	32.5
消除孤寂	26.6
娱乐	4.5
其他	1.7

宠物消费升级：吃好、用好，也要医好。根据艾媒咨询的统计，2019年，宠物主在单只宠物身上平均花费3176元。

在吃的方面，新中产越加重视宠物食品的安全性、口味和营养价值，既要让它们吃得放心，又要有益健康，价格反而成了最无须考虑的因素。

在宠物服务与医疗方面，宠物主也不吝啬。根据艾媒咨询的统计，2019年，有超七成的宠物主愿意为宠物娱乐埋单，有60%的宠物主使用过宠物洗漱、宠物美容等服务，超半数的宠物曾因疾病、受伤、防疫等原因就医。

28岁的阿瑜2019年在自身饮食方面花了近6万元，而家中的另两名成员——柯基犬"图图"和"歪歪"总共花费了3万元左右。其中，除了狗粮、狗罐头、狗零食花费了2万元左右，剩下的1万元主要是为狗看病和做体检。

24岁的王紫薇养了一只英国短毛猫，取名"包子"。一次，"包子"不知道吃了什么，一直不停地呕吐，王紫薇将它带去宠物医院，花了近7000元。

作为宠物经济产业链的延伸，"宠物智能家居"成为新的增长点。2019年"双11"购物节开场仅1个小时，京东超市的宠物智能用品成交额便同比增长69倍，其中宠物智能用品品牌霍曼的成交额同比增长936倍。

34岁的单身女性罗小姐2019年"双11"时，在天猫上买了一个800多元的宠物自动投水、投食机。她说她的猫只喝流动的水，而她经常出差，没办法给它开水龙头。罗小姐说，如果有更好的宠物智能家居用品，她愿意花钱给她的猫更好的生活。

新中产对宠物的消费态度，用一句话形容就是：宁愿给宠物"烧钱"，也绝不轻易借钱出去。

消费观念升级：
理性消费成主流，新审美崛起

古人讲"仓廪实而知礼节，衣食足而知荣辱"，在满足了物质要求的前提下，我们慢慢开始追求精神生活的丰富；随着精神生活的丰富，新中产逐渐有了个人追求，并形成了一套自己独有的消费观念。

那么，新中产有哪些消费观呢？下面我们逐一解读。

消费信心：新中产消费信心保持着强劲的水平

2020年3月，全球第三大市场研究集团益普索发布了"2020年2月全球消费者信心指数",其中中国的消费指数为65.3,为3年来最低水平。自1月新冠肺炎疫情暴发以来,中国消费者的消费信心指数下降了4.3个百分点。

对"消费者信心指数"的下降,很多人可能会把原因归结于疫情造成的经济形势不好。毕竟在疫情的影响下,实体经济受到一定冲击,旅游、餐饮等行业都受到了很大影响。不可否认的是,确实有一部分的原因是疫情的"黑天鹅"效应所致。但很多人不知道的是,在过去的3年里,我国经济增速和全民收入、支出增速都处于下滑状态。也就是说,"消费者信心指数"的下降并不只是今年,2017~2019年,我国的"消费者信心指数"也一直处于下滑状态。

让人感到意外的是,即使在2017~2019年全国"消费者信心指数"处于下滑状态时,新中产的消费信心仍然保持着相当强劲的水平。

在疫情之前的2019年,吴晓波频道对新中产群体做了一次"未来一年,你认为自己的家庭消费支出会增加多少"的调查,结果显示:**新中产未来一年家庭消费支出的平均增幅预期为12.7%**,其中94.9%的新中产认为来年消费支出将会增加,并有54.2%的新中产认为消费支出增幅将在10%以上(见表2-6)。

表2-6 吴晓波频道对新中产家庭消费支出预期的调查结果

未来一年,你认为自己的家庭消费支出会增加多少?	
增幅	人数占比/%
不会增加,反而会减少	5.1
小幅增加,增幅10%以内	40.7
稳步增加,增幅20%以内	42.4

续表

未来一年，你认为自己的家庭消费支出会增加多少？	
增幅	人数占比/%
大幅增加，增幅20%~50%	9.0
巨幅增加，增幅50%以上	2.8

为什么在严峻的经济环境下，新中产还有如此强大的消费信心呢？

第一个原因是年龄，**年龄是影响消费信心的重要因素，年龄越小，消费信心越强**。这可以从两个方面解释：

● 第一，年龄越小，收入增长的预期越强，相应的消费信心也越强；

● 第二，年龄越小，各种潜在的未满足消费越多，并且接触的新消费也越多，消费开支相应增多。

事实上，无论在中国还是西方社会，青年群体的消费信心都是最强的。一方面，和上有老、下有小的新中产中年群体相比，青年群体拥有更多的时间和精力去消费，特别是新中产的青年群体愿意为活出精彩的人生和更多的需求去消费；另一方面，相比于人生大局基本确定的中老年新中产群体，拥有不确定性和无限可能性的青年群体也有更多的人生事项需要消费。大多数新中产青年群体在22~35岁，要谈恋爱、结婚、买房、生子，每一个事项都需要消费。

29岁的刘虎是湖北一个三线城市的职员，2020年准备与女朋友结婚，而他女朋友所在的工作单位在2020年疫情结束之前宣布解散了。在这样的情况下，他还是在复工后购买了房和车。在问及"有没有对未来担忧"时，他说："我们还年轻，我们相信未来。"

一个国家，只要年轻人对未来有信心，年轻人愿意消费、敢于消费、有能力消费，这个社会的经济就不会停滞不前。

新中产消费信心强大的第二个原因体现在子女教育方面。中国家庭素来有重视子女教育的传统，**在育有子女、经济又有条件的新中产家庭中，子女的教育也是占比很高的一项支出。**

吴晓波频道和艾瑞咨询的调查结果显示：78.9%的新中产家庭在子女课外学习上的经济投入超过万元，52.3%的新中产家庭在课外教育上的年消费在20 000元以上，84.0%的新中产家庭的子女接受过或正在接受课外培训，为子女报1~2个培训班的情况居多，占比74.4%。

中国的新中产群体，绝大部分都是通过教育和知识改变命运的，因此他们对不断地学习以增加社会竞争力有非常强的意愿。对自身如此，对子女的教育也是如此，哪怕付出高额的支出也在所不惜。

来自深圳的盛莲（化名）是一位"80后"妈妈，她说，她的孩子在吃穿用度上花钱其实不多，大头是孩子的教育，虽然孩子年龄较小，但上个补习班，花费就得上万了；孩子一买乐高积木，大几千就出去了；再比如给孩子做一个什么测评，几千元又花出去了。谈及"这些钱花得值不值，以后还会不会继续"，盛莲说："值不值现在还不知道，但以后还是会继续在这方面花钱的，而且不会减少。"

新中产消费信心强大的第三个原因，体现在：**越往一线城市走，新中产越注重生活品质和体验提升（旅行、运动、医疗），越往三、四线城市走，新中产越注重吃住行和人际关系（餐饮、交通、人际交往）。**

中国有一个庞大的消费品市场，长久以来，消费品行业针对不同级别的城市制定的策略，一直存在区别，因为不同级别的城市存在不同的消费特点。针对这些消费特点，消费品行业将挖掘出更大的市场，为不同级别城市的新中产创造出更多消费场景。在自身消费需求和消费品行业营销策略的双重刺激下，新中产的消费热情将会持续高涨。

提振消费信心，是对冲疫情影响的直接途径之一。不管怎样，我们激赏年轻人的"敢"和"为"。新中产强大的消费信心，可以被视为一种"敢"世代青年对美好生活的向往和努力。

理性消费：消费升级，其实都是在购买品质和时间

中国老太太"赚了一辈子钱终于买了房"和美国老太太"买房还了一辈子钱"的故事曾广为流传。但随着中国年轻人的消费观念转变，这样的现象已在悄然改变。

第一财经商业数据中心联合潮流文化传播平台"YOHO！"发布的《2019中国潮流消费发展白皮书》显示：和中国人传统习惯"储蓄消费"不同，年轻人正养成新的"信用消费"习惯；和人们认为年轻人消费不理性、挣钱少、信用低的刻板印象相反，他们对信用的珍视远超上一代人，99%的年轻人凭信用消费后会按时还款。

1989年出生的陈山，是一名"花呗"重度用户。他是深圳一家自媒体公司的创始人，成立公司时办公室里的装置，包括价值2000元的实木桌、500元的沙发等，都是用花呗支付购买的。与父辈注重"量入为出""节约才是硬道理"不同，陈山观念的变化，对一直在千方百计扩大内需的中国经济来说，无疑是一种好兆头。"花得起的钱，不一定非得是现钱。"陈山说。

也就是说，**新中产的消费观念是理性消费**，而非人们认为的"**提前消费**"。这一点我们可以通过新中产购买的商品属性中窥探出来。

吴晓波频道在2019年对新中产群体进行了"你认为商品或服务的哪些属性是重要的"调查，数据显示：品质位居第一，超过八成的人非常或比较认同"相比价格，更重品质"；同时也有超过七成的人认为性价比很重要或比较重要。其中，约2/3的新中产同时认为这两点都重要或比较重要（见表2-7）。

表2-7 对"你认为商品或服务的哪些属性是重要的"的调查结果   单位：%

属性（多选）	人数占比（一线）	人数占比（新一线和二线）	人数占比（三、四线）
品质	83.7	83.2	79.2
节约时间	79.4	78.4	76.3
性价比	73.5	75.1	75.9
个性化	71.1	72.1	69.3
品牌知名度	68.1	65.4	65.1
线下体验	62.6	64.7	65.2
外观包装	40.5	40.8	40.3

这是典型的新中产理性消费观，他们仍然注重性价比，但在品质与价格的边际作用中，会更注重品质。

"划算"对于新中产来说仍然很重要（性价比诉求），但有一条基本的要求线，就是希望买到优质的商品和服务（品质诉求），并愿意为之付出相应的额外成本，不管是钱还是时间和精力。因为，如果不能够一次性买到让新中产会在未来持续复购、不用操心的好东西，那么他们将来不得不投入更多的时间、精力和钱（节约时间诉求），这在整体上是相当不划算的。

新中产在消费上往往会将视线放得更长，即会在一个较长的范围内综合考虑怎么做才是对自己最有利的决策。重视品质和节约时间的消费属性，是这种长远视角的表层行为体现。**这种长远视角的另一种体现，**

是"新节俭主义"。

相对于风头渐失的城市奢靡主义,新节俭主义的"抠门"显然略带另类色彩。一个人的价值不一定要通过奢华的生活来体现,而节俭也并不意味着低品质的生活。

"只买对的,不买贵的",是崇尚新节俭主义的新中产所信奉的原则。他们在购物上考虑最多的是消费时机、性价比和使用率;他们的目标是花更少的钱过更像样的生活,不求奢华,省钱对他们来说就是一种乐趣。

33岁的梁女士是南京一家公司的高层,虽然收入颇丰,但她却是一个精于打算、爱购买便宜货的行家里手。但你千万不要认为她的生活没有品位,穿着落伍。周末去参加同学聚会时,她的穿着让同学们眼前一亮:一件胸前布满亮片的无袖背心配上一条花格A字裙,高高的丸子头。这套穿着装扮让同学们估算恐怕要花上万元。但事实上,梁女士才花了300元。

无袖背心是在一家外贸店淘来的,只花了80元;花格A字裙是一家韩国商店打折时买的,因为是老主顾,店主优惠后的价格是220元。"我喜欢买品质好、性价比高的东西。"梁女士对周围的朋友说。

像梁女士这样的新中产在如今的城市里并不少见。他们在经历了大张旗鼓地买名牌穿名牌的奢侈消费时代后,逐步倾向于在风险不大的开销上能省则省,比如买袜子和外衣,毕竟这些都是某一阶段的消耗品。他们更注重性价比和时尚度。

在新中产的消费观里,为自己花的每一分钱都很值得。他们不求形式,更加注重生活感受。

感性精神内核：精致生活消费的审美化倾向

在"理性消费"之外，新中产往往还有一份感性精神的内核——追求"精（致）""美（好）"生活。比如，他们偶尔也会大手大脚一把——买一辆自己的小汽车，养一条纯种的猎犬，有空时出去旅行，还有感到疲倦的时候花钱去美容店做个脸部护理……这些都是奢侈消费。

2019年4月，麦肯锡发布了《2019年中国奢侈品报告》。报告显示：在近年来国际经济持续下行、世界地缘政治动荡、中国经济增长放缓的大背景下，奢侈品市场却并未出现疲软的迹象，继续呈现蒸蒸日上的势头。

麦肯锡预计，到2025年，中国人的奢侈品消费总额有望增至1.2万亿元。2012～2018年间，全球奢侈品市场超过一半的增幅来自中国。展望未来，预计至2025年，这个比例将达到65%，届时中国将贡献全球40%的奢侈品消费额。而支撑起如此庞大的中国奢侈品消费市场的，则是以"80后"和"90后"为代表的新中产。

吴晓波频道对新中产"购买过哪些高端商品/奢侈品"做过调查统计，结果显示：**新中产在奢侈品的消费选择上比较多元化，愿意为化妆品、箱包、手表、服装、珠宝等高端产品埋单**（见表2-8）。

表 2-8 对"购买过哪些高端商品/奢侈品"的调查结果　　单位：%

购买过哪些高端商品/奢侈品？	
消费项目（多选）	人数占比
化妆品	55.3
箱包	47.3

续表

购买过哪些高端商品/奢侈品?	
消费项目（多选）	人数占比
手表	47.1
服装	45.0
珠宝	44.3
汽车	36.0
皮具	36.0
钢笔	14.3
其他	2.5

在《消费社会》一书中，作者鲍德里亚认为，人类社会从供给侧的生产主导阶段迈入需求侧的消费主导阶段后，消费本身就被赋予了越来越重的象征性意义，因为后者体现了个人的身份和社会地位。

对新中产购买奢侈品的需求，吴晓波频道也做了调查统计，结果显示：60.8%的新中产表示买奢侈品是为了犒劳自己、愉悦心情、满足自己的精神需求；47.5%的人是为其独特的设计及品质埋单（见表2-9）。

表2-9 对"你怎么看奢侈品消费"的调查结果　　单位：%

你怎么看奢侈品消费?	
消费需求（多选）	人数占比
愉悦心情，为了犒劳自己	60.8
独特、优质的设计或品质	47.5
一种为了匹配自己身份的消费	23.3
为品牌支付了过高溢价，不值得	20.2

续表

你怎么看奢侈品消费?	
消费需求（多选）	人数占比
为了送给他人	12.5
其他	1.5

如果新中产人群渴望"成为更好的自我"，那么奢侈品在他们实现这一目标的过程中扮演着重要角色。奢侈品本质上就是"更好的自我"的标志。

在深圳某外企工作的年轻白领陈小姐，每月收入5万元左右。她每天上班背的包是一款LV（路易威登）的手提包，身上的钱包、鞋子、衣服和项链，每一件几乎都是价格不菲的国际大牌。在问及她为什么忠爱这些奢侈品品牌时，她说，一则自己每天要面对客户，需要这些东西给自己"加持"，匹配自己的身份；二则这些东西可以让自己面对客户时更加自信，让自己心情愉悦。

新中产大多成长于更开放、更富裕的环境，数字化生活设施一应俱全，他们得到了更多资源与关怀，也非常适应终身学习和自我提升。这使得新中产与奢侈品之间的"触点"出现更复杂、更多样的可能性。对于新中产来说，奢侈品早已不奢侈了。

极少有新中产会在购买奢侈品或各类高端消费品时选择全套商品，他们大多是选择其中的一部分，这其中或多或少隐含这样的信息：精致、美好的生活和相应的社会地位。这与消费主义存在某种类似，也常被混为一谈，后者指将物质上的自我满足和快乐放在第一位的生活方式。

但新中产的奢侈品消费，在另一方面也带有审美化的倾向——**并不**

仅限于一切使人们感到愉悦的物质，还包括消费的精神内核及随之而来的行为。

总结归纳一下，新中产对奢侈品的"精美追求"大致可以分为3个级别：

精美追求的第一级别：颜值即正义，高档即身份。

在新中产的消费观里，好看并不是唯一的条件，而是基本要求。而"高档即身份"，意味着对于新中产来说，**奢侈品＝社交货币**，奢侈品的力量始终在于传达身份的能力。奢侈品曾经是贵族阶级的日常，在社会阶层概念模糊后，依旧被中产阶级当作进入上流阶层的入场券。即便是在当下的中国，奢侈品的作用也没有发生太大改变。这也是为什么在我们的调查中，有23.3%的新中产对奢侈品的消费观是"匹配自己的身份"。

广州一家创业公司的首席运营官（COO）熊峰，他的衣橱里出现频率最高的品牌是Dior Homme（迪奥男士）。在微信朋友圈里，他时常会发一些自己当日的穿搭及服装的细节。他买衣服并晒在社交平台，都是为了展现自己的生活状态。"久贫乍富，总要'现现'吧。"他半开玩笑地说。

像熊峰这样在社交场合穿戴奢侈品，并且希望它们被人发现的心理，侧面说明奢侈品会被当作一种身份的识别凭证。对于持这一类奢侈品消费观的新中产人群来说，奢侈品是一种社交货币，他们希望穿"对"的衣服来表达对某个圈子的向往，表示自己和大家有一致的消费观和世界观。

精美追求的第二级别：为消费赋予意义，创造美好。

二三十年前，当有人穿着奢侈品牌时，他在向人们传达什么？表明他有钱。但到了现在，新中产对奢侈品的消费观大多出于感性精神内核。他们并不喜观仅仅被视为"有钱人"，他们希望自己被视为"有意义""有趣"。

32岁的桃子在谈论她收藏的奢侈品珠宝时说:"我在巴黎的一次旅行中买了这条项链,这个胸针来自一次墨西哥旅行,这枚戒指来自澳大利亚……我买这个手提包,因为我认识这位设计师,他成名于……"桃子认为,她的每一件珠宝都有独特的意义——包含着她的旅行经历、她对时尚的了解、她独特的品位。

精美追求的第三级别:自我实现的、审美的自我激励正向循环。

奢侈品消费往往带着自我实现的特点,奢侈品是高品质生活的象征,是拒绝妥协和独一无二的自我的象征。它是新中产才华和经历的展示,象征着他们对更好审美的自我激励和更美好生活的渴望,这是一个正向循环。

来自北京的Yuki说,她的第一件奢侈品是一个Gucci(古驰)手提包。自从几年前买了那个手提包后,她感觉自己的生活完全达到了一个新的水平,她开始依据高标准选购自己使用的东西。

无论新中产有怎样的奢侈品消费观,毋庸置疑的是,新中产正在成长为新一代的奢侈品消费者,奢侈品只是他们不断增长的需求和对高品质生活渴望的反映。能否深刻理解他们,跟上他们的步伐,进入他们的社交圈子,决定了奢侈品牌下一个10年的生死存亡。

消费方式:微信和支付宝,把"60后"接入新消费

移动支付改变中国人的消费习惯。当下什么样的支付方式是最受欢迎的?答案肯定是微信支付和支付宝支付。

现在在大街上随便一问,你知道微信支付、支付宝支付吗?就连公司门口摆摊的老大爷、卖菜的老奶奶都会说知道,微信支付和支付宝支

付已经融入人们的生活。**其他的消费金融，都是越年轻比例越高，只有移动支付不太一样，它是大龄中产（尤其是"60后"）融入移动社会的最佳路径。**

吴晓波频道对"不同年龄段新中产消费支付方式"做了统计，统计情况如下表所示（见表2-10）：

表2-10 不同年龄段新中产消费支付方式　　　　单位：%

消费支付方式（多选）	人数占比			
	"60后"	"70后"	"80后"	"90后"
支付宝/微信里面的余额	85.3	80.8	81.8	81.6
信用卡	55.9	67.0	65.4	54.3
花呗、白条等支付工具	18.7	28.3	35.2	41.6
储蓄卡	12.9	7.8	6.1	6.8
现金	7.1	5.5	5.6	6.5

统计结果显示：在消费支付时，从"60后"到"90后"，80%以上的新中产会选择支付宝、微信支付等。可能很多人会认为"60后""70后"新中产在支付时会选择相对传统的方式，但结果却让人感到意外——85.3%的"60后"新中产会选择支付宝或微信支付。

微信和支付宝，把"60后"纳入新消费。

出生于1969年的张芳是一位公务员，她表示，现在每天日常吃饭、购物、出行都能用手机支付，不带现金基本不会对生活造成困扰。她还开玩笑地说，连过年给孙子的红包也是通过"微信红包"。"用手机支付的话，会有一种莫名的消费冲动，用红包或扫一扫二维码，就轻轻松松把钱花出去了。"张女士说。她认为，手机支付在一定程度上降低了消费者对价格的敏感度，刺激了消费。

使用信用卡支付方式的以"80后"新中产居多，占比65.4%。由于我国信用卡办理环境不断改善，信用卡作为我国居民使用的最广泛的非现金支付工具，发卡量近年来保持高增长速度，同时信用卡消费大幅增长。中国信用卡总发卡量在2011～2020年以12%的年增长率增长，到2020年，信用卡发卡数量预计将达到7.4亿张。届时，中国城市的消费人口将催生出世界上最大的信用卡需求市场。

"80后"之所以喜欢用信用卡支付，可能出于以下几个原因：

一是信用卡的覆盖面积更广。在国内，信用卡的覆盖面很广，但国内二维码支付的推广做得也很优秀，在很多城市，商户都可以使用二维码收款。但是在国外，信用卡和二维码支付的覆盖面积就相距甚远了。目前，二维码支付只能在国外一些较大城市的机场免税店、大型购物中心、大型连锁店等特定场合使用，覆盖面积远远比不上信用卡。

无论是东京、巴黎这样的发达国家大都市，还是摩洛哥、格鲁吉亚这样的小国家的城市，信用卡都是通用的。只要是能看到银联标志的地方，就可以使用银联信用卡。手上有一张信用卡，心里就自然多一份安全感。

二是信用卡的额度更高。相比"花呗"，信用卡的额度和提现功能可以解燃眉之急。

三是信用卡会有很多的优惠活动。吃饭打折，看电影打折，住酒店打折，机票还打折，信用卡的优惠涵盖了衣食住行的方方面面。

选择"花呗""京东白条"等支付工具的，以"90后"新中产居多，占比41.6%。虽然"90后"新中产敢花钱，但这并不代表他们就一定大手大脚。"花呗"的数据显示，大部分"90后"在消费时还是很理性的，约70%的人每月用掉的"花呗"授信额度控制在2/3以内。"花钱一时爽，还款火葬场"的情况也属于少数。报告显示，用"花呗"预支消费后，99%的人能够按时还款。

除了以上几种支付方式，随着5G技术的普及，"人脸识别支付"技术也会趋于安全完善。如果说人脸识别技术在移动支付的广泛应用是基于人工智能、大数据等基础技术的最具代表性案例，那么，5G、区块链、物联网等新兴技术将会是人脸识别技术应用在移动支付上重要的基础环境和设施。这些新兴技术还将为人脸识别技术在移动支付未来各个场景的深入应用，提供坚实的物理保障和必要条件。

从2018年下半年开始，支付宝已在大力推广使用人脸识别支付，如红旗超市、永辉超市等，均配备了人脸识别支付设备，用户体验较好，且用户的尝鲜欲望明显强于二维码支付推广初期。但是用户的心理接受程度仍需要一定的时间进行培育，目前大部分用户仍然认为，按照现有的技术保障，可能还是传统支付方式更稳妥可靠。

新国货崛起：
本土创新＋核心技术＋品牌重塑，
告别"崇洋媚外"

新中产消费的另一个趋势，是本土化创新和新国货的崛起。

一个国家新中产阶层的崛起和壮大，往往是商业文明走向成熟的伴生现象，会诞生诸多影响世界的产品和品牌。

美国的新中产阶层崛起，始于20世纪初至20世纪20年代，冒险精神

（牛仔裤、西部音乐）和快乐精神（可口可乐、好莱坞）是当时的美国新中产和美国商业留给世界的礼物；日本的新中产阶层崛起，则在20世纪60~80年代，正如三宅一生在1971提出"什么是一块布"的本质一问，日本企业在其产品设计和制作上对需求和体验本源的极致追求，也让全世界记住日本的工匠精神。

2015年至今，中国的新中产向中国市场的企业提出同样的命题。

未来10年，一方面，新中产群体的消费升级仍将持续，甚至可能加速，这对所有品牌而言都是好消息；另一方面，中国产业界对研发、设计、品牌、营销等高附加值环节的持续投入，以及外国品牌在中国市场"护身符"式的高级感的逐步退散，会使得中外品牌的竞争站在同一起跑线上。

市场增量：本土品牌挤占外资品牌份额

从2013年开始，外资品牌抢食中国市场的"蛋糕"不再那么容易了。贝恩公司与凯度消费者指数发布的《2014年中国购物者报告》显示，2013年起，中国本土品牌正在持续挤占外资品牌的市场份额，在26个消费品行业的市场增长量中，本土品牌贡献占据了压倒性优势。

比如，被称为"外资第一店"的马来西亚百盛在两年时间内关闭了6家门店，即便业已高龄的创始人钟延森复出，百盛的业绩还是在一路恶化，2015年第1季度，百盛同店销售下滑8%；进军中国5年时间不到，泰国五大零售集团之一的尚泰百货关闭了在中国市场3家门店中的一家。

面对越来越难征服的中国市场，一向高傲的国际奢侈品牌也放缓了开店策略。上述《2014年中国购物者报告》显示，2013年，65%的奢侈品牌停止和放缓了中国市场的扩张计划。

就舆论和企业的营销策略而言，外资品牌和本土品牌同样重视中国的消费市场，尤其是新中产消费市场。不过在很长时间内，跨国公司往往将中国视为全球市场和供应链环节的一部分，常规经营模式为复制全球模式和商品到中国，而非将中国市场视为提出特定需求的优先级市场，针对中国市场的特定创新并不多见。中国本土品牌的竞争力来自成本和规模优势，对创新的依赖程度较低。

在某种程度上，中国的新中产消费群体，在等待面向中国本土的创新井喷，不论这种创新来自中国品牌还是外国品牌——当然，考虑到对中国市场消费者需求的决策链响应速度，中国品牌在这方面具有先天的优势。

在贝恩和凯度调查的26个品类中，有21个中国品牌正在拿走外资品牌的市场份额；反之，仅有4个本土品牌的市场份额降低了；另有1个保持均势（见表2-11）。

表2-11 中国品牌和外资品牌在中国市场的份额变化（2017年）

中外品牌市场份额情况	具体产品
中国品牌下降 外资品牌上升	牙刷、衣物柔顺剂、婴儿配方奶粉、饼干
中国品牌上升 外资品牌下降	口香糖、啤酒、酸奶、卫生纸、彩妆、巧克力、瓶装水、衣物洗涤用品、个人清洁用品、牛奶、糖果、方便面、厨房清洁用品、牙膏、洗发水、面巾纸、果汁、护发素、碳酸饮料、护肤品、婴儿纸尿裤
中外品牌和外资品牌均势	即饮茶

例如，在护肤品领域，本土品牌百雀羚从下线城市起步，逐步通过升级产品和建立高端品牌形象的方法，提高其在上线城市的渗透率；在果汁品类中，"天地壹号"的产品组合迎合了中国购物者对营养健康饮

料的需求，因而取得成功；2013年年末，一家医药公司推出的饼干新品牌"江中猴姑"基于中国传统食疗理念进行创新，制胜市场，2014年，它从国际竞争对手手中赢得近2%的市场份额。

"如果说过去十几年是global for China阶段——跨国公司利用全球规模让中国市场获得更快发展，那么现在就是China for China阶段，中国市场本身的规模可以支撑自己成为一个独立市场。"贝恩公司全球合伙人、大中华区消费品及零售业务资深领导邓旻说道，"未来的5~10年将是China for global阶段。"他预测，由于中国市场孕育着汹涌的数字化趋势和复杂的生态体系，在这里经历洗礼的跨国品牌将获得独特的、受益匪浅的经验。如何用这些"中国经验"引领自家品牌未来在全球实现发展，将是很多跨国公司要思考的事情。

国货之光：中国品牌的量价齐超开始出现

2019年"双11"当天，天猫彩妆品类的销售额冠军不是国际一线品牌，也不是传承百年以上的国际传统大牌，而是成立时间仅3年的国货彩妆"独角兽"完美日记。在天猫公布的"双11"美妆品牌TOP 10排行榜中，自然堂、百雀羚、完美日记和薇诺娜等作为国产品牌，与一众国际大牌比肩而立。

回顾过去几年的天猫"双11"排行榜，可以看出，单就美妆品类而言，国货品牌拥有越来越多的话语权。而这些品牌中，后起之秀也越来越多，成为榜单中一道亮丽的风景线（见表2-12）。

如果这些数据还不能让你对"国货崛起"有感触的话，我们再来看一组数据：咨询机构知萌咨询发布的《2019中国消费趋势报告》显示，有78.2%的消费者经常购买国货，且在同等价格下，44.6%的消费者更倾向于购买中国本土品牌。麦肯锡2018年发布的数据报告也得出了相似的结论，其报告指出，在质量与价格处于同等水平的情况下，有62%的中国消费者更偏向选择国内服饰品牌。

表2-12　2016～2019年天猫"双11"美妆品牌销售额排行榜
（截至11月11日24点）

	2016年	2017年	2018年	2019年
1	百雀羚	百雀羚	兰蔻	完美日记
2	欧莱雅	自然堂	玉兰油	MAC
3	SK-II	兰蔻	欧莱雅	雅诗兰黛
4	一叶子	雅诗兰黛	雅诗兰黛	兰蔻
5	自然堂	SK-II	SK-II	美宝莲
6	雅诗兰黛	玉兰油	百雀羚	花西子
7	韩束	欧莱雅	自然堂	纪梵希
8	佰草集	一叶子	HomeFacialPro	阿玛尼
9	玉兰油	悦诗风吟	薇诺娜	3CE
10	兰蔻	资生堂	悦诗风吟	圣罗兰

2019年5月9日，中国经济信息社经济智库、中传-京东大数据联合实验室在"培育世界一流企业"平行论坛上联合发布《2019"新国货"消费趋势报告》。报告显示，2018年，中国品牌下单金额同比增幅高出国际品牌14%、下单商品销量同比增幅高于国际品牌8%；2018年，中国品牌商品下单量TOP 5是食品饮料、服饰内衣、家用电器、母婴和电脑办公，占京东全站中国品牌下单量的41%。

"国货崛起"的事例随处可见：2017年10月16日，由中国制造的美国地铁正式亮相；国货美妆品牌百雀羚2016年单品牌零售额高达138亿元，销售额排名全国护肤品品牌之首，仅次于玫琳凯、欧莱雅和玉兰油，在行业中排行第四；截至2017年，小米之家的年坪效已高达27万元，几乎为同行的10倍，仅次于苹果，但其成本仅为苹果的1/6；2018年10月26日，华为Mate 20和苹果iPhone XR同时在中国举行售卖会，华为门店一机难求，苹果店前却门可罗雀；英国广播电台（BBC）在2019年5月31日首次使用5G进行电视直播时明确表示，因为使用华为的设备，他们才得以使用5G进行电视直播……

看完这些数据，相信你会由衷地感叹一句：作为中国人，真骄傲！

国人终于再也不用购马桶盖、买奶粉都要海外代购了，我们真正开始以使用国货为潮流，以民族品牌为荣。越来越多披上高端外衣的"中国制造"也正成为国家名片，以崭新的姿态走出国门，走向世界。

国货崛起，一方面是由于国人思想观念和消费观念的转变，另一方面是由于中国制造和智能制造的发展。很多人在国外消费时，购买的产品上却印着"MADE IN CHINA"，现实让国人更多地去了解和关注"中国制造"，慢慢发现中国制造的变化和国货的魅力。

中国是全球制造业的供应量中心，贡献了全球消费品产能的60%，大多数的消费品行业，中国产能都占据全球一半以上。比如，麦肯锡《中国与世界》报告显示，中国贡献了全球制造业总产出的35%。

在新国货崛起这一论点上，考虑到中国制造业的超级产能，中国品牌在数量上的优势并不是最值得令人瞩目的论据。**更能体现新国货崛起的论据，是中国品牌开始在部分品类上完成对外资品牌的"量价齐超"。**

在很长时间内，外资品牌在中国市场占据先天优势，在价格上"崇洋媚外"是中国消费者的下意识反应。即便是同样的品质水平，中国品牌也必须比国外品牌卖更低的价格，才能在市场竞争中生存。

20世纪90年代末，当时中国最大的彩电品牌对自己的市场竞争策略归结为，"在同样的技术参数前提下，售价必须比日本品牌低30%"。这条"30%生命线"主导了中国消费品市场十几年的中外品牌格局。

在这一轮消费升级和新中产崛起的浪潮中，"30%生命线"逐渐溃散，中国品牌完成了由量变到质变的转化。下面，我们以4个品类为例，从产品定价方面来分析一下中国品牌和外资品牌（见表2-13）。

表2-13 外资和本土品牌的 4 类产品对比
（吴晓波频道根据各公司产品信息整理）

奶粉	外资：惠氏启赋3段奶粉（900克）	0.36元/克
	本土：飞鹤星飞帆3段奶粉（700克）	0.44元/克
洗衣液	外资：全效360度洗衣液（3千克）	36.8元
	本土：立白全效馨香洗衣液（3千克）	42.9元
篮球鞋	外资：耐克AIR FORCE男子篮球鞋	829元
	外资：阿迪达斯CRAZY TEAM II男子篮球鞋	689元
	本土：安踏KT4破坏版男子篮球鞋	899元
白兰地	外资：马爹利XO干邑白兰地（700毫升）	2100元
	外资：轩尼诗XO干邑白兰地（700毫升）	1588元
	本土：张裕可雅XO白兰地桶藏15年（650毫升）	2588元

可以看出，如今，**中国品牌对外资品牌普遍出现量价齐超的情况，"30%生命线"逐渐过时、褪去，中国消费者"崇洋媚外"的商品情结已经式微。**

27岁的天龙人（化名）是广州的一名金融从业者，他说他的父亲那一辈（"60后"）是比较"崇洋媚外"的一代，到他则已经不是"外国品牌就好"。前几年买房装修时，在装修风格上，他与父亲有了不同意见。父亲建议按照欧式风格来装，而他自己希望有一点中式的风格，最后因为是他住，他的父亲妥协了。但接下来选择家电的时候，两人又有了不同的意见。在选择中央空调的时候，他打算买格力的，但父亲明确要求一定要用美国的品牌。比起价格，天龙人更关心质量和使用感受。据他对比中国和美国品牌的中央空调产品，在质量和使用体验上，这两者没有什么差别。空调这种产品不需要超级高精尖技术，使用的场合很简单，所以只要发展到一定程度，不同品牌之间差不多。

天龙人说，他身边很多年轻的朋友，对品牌的国别甚至品牌本身都"脱敏"了——他们更注重产品本身。比如电饭煲、马桶盖、扫地机器人等品类，中国品牌和外国品牌在技术上的差距表现不明显，一般人感觉不出来。

当然，在很多行业，还有一些外资品牌仍然享受着品牌国别的"溢价"，或占据着高端品牌的主要市场份额。尽管中国品牌逐渐体现出竞争力升级的趋势，但要做的事仍然有很多。

国货崛起，反映了中国制造的变革，有韧劲、有底气、有空间的国货正在迎来新机遇。在国货底色下，是中国制造向中国创造、中国速度向中国质量、中国产品向中国品牌的加速转变。

品牌国别观：相比品牌国别，更在意产品品质

国货的崛起，是不是意味着新中产更愿意购买国产产品呢？

对这个问题，吴晓波频道进行了调查统计。结果显示，在国产产品与国外产品哪个更好的问题上，新中产的看法是既不认为国外的产品比国产的好，也不认为国产的比国外的好。换言之，**品牌国别在新中产人群中起的作用不是决定性的。**或许在同等质量的情况下，国家情怀的因

素引导新中产心中的天平稍稍倾向于国产品牌，但在大多数情况下，最终的决定因素还是产品本身。

但在"国货崛起"的认识上，新中产对中国品牌越来越好的趋势坚信不疑。

这也意味着，**理性的新中产消费者秉承的品牌国别观是：相比品牌国别，更在意产品品质。**

关于这一点，我们以新中产选择汽车为例来分析，是最合适不过的。前面说过，新中产最重要的消费特点是非必需品消费的比例大幅度增加。而在绝大多数家庭中，汽车是最大的一项非必需消费品。

吴晓波频道对"2016～2019年拥有汽车的新中产占比"和"新中产家庭汽车拥有量"进行了统计。数据显示，2019年84.9%的新中产拥有私家车，而在3年前是77%；其中，31.9%的新中产家庭中拥有不止一辆车（见图2-4）。此外，他们对自己下一辆车的预算在20～50万元。

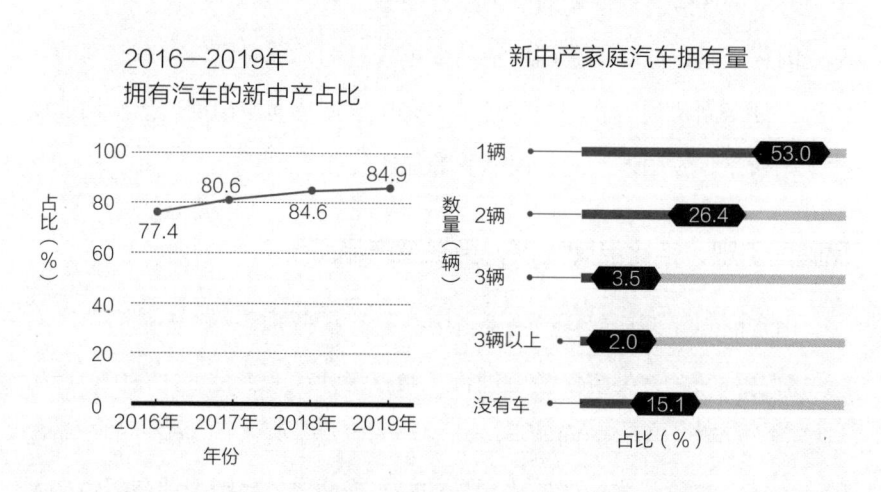

图2-4 对"2016～2019年拥有汽车的新中产占比"和"新中产家庭汽车拥有量"的统计结果

在购车品牌方面，对比2016年和2019年新中产家用车制造商的国别分布，国产车的占比大幅度提升——尽管从绝对量而言，国产车的占比并不高。相应地，其他车系则都有不同比例的降低。

而在汽车消费市场的两大趋势——新技术车和二手车上，新中产对新技术车的认可度远远高于二手车。

比如，新能源汽车作为汽车行业的新生代产物，越来越受到新中产关注，也因为环境趋势所迫，新能源汽车必定会代替燃油汽车，成为未来新时代的"新宠儿"。新能源车的代表当属特斯拉，不过除了特斯拉，中国自主品牌比亚迪同样具有实力。

就以比亚迪e5这款车为例，它的最大续航里程增加到了480公里，而最大充电功率从40千瓦提升到了60千瓦，有效地减少了充电时间，在快充条件下仅需半个多小时即可充至80%的电量，让消费者不再为车子没电而感到烦恼。

2020年1月，比亚迪汽车公布了2019年全年销量。数据显示，比亚迪汽车2019年全年累计销售45.1万辆新车，其中，新能源车型累计销售达21.9万辆，EV纯电动车型销量同比增长42.5%，新能源总产销超73万辆。

墙内开花墙外香。比亚迪生产的新能源汽车，不知不觉间已经征服了全世界。

当然，在一个消费市场上，增量的技术性变革难度远远小于存量的制度性变革。在消费者眼中，新技术的运用体现的是厂商与消费者的二元关系——厂商提供更先进的技术、产品和解决方案，消费者愿意为此付出溢价。

而制度性的变革，比如二手车市场，则包含着更为复杂的多元关系，涉及卖家、买家、平台方甚至监管方的博弈，交易成本巨大，令人却步。

但是，也有40%的新中产对购买二手车持中立或正面的态度，这个比例并不算低。当交易的透明度、标准化及新中产对汽车的认知度经过一段时间的孵化和进步后，二手车仍有可能成为新中产家庭用车的重要构成部分。

通过观察新中产在购车时的选择，我们可以清晰地看出，相比品牌国别，他们更在意产品品质。

在谈到品牌国别观时，来自上海的张全说："在品牌的选择上，我不会盲目支持国货。对产品的选购，我有自己的衡量标准，选择自己喜欢的就行。没必要因为要支持国货，强迫自己去接受它。有竞争才有压力，在市场竞争中，制造企业需要不断接受消费者的批评与建议，才能不断优化，不断进步。我们也需要和优秀的国外产品做比较，学会思考和借鉴。"

张全是一个典型的理性新中产消费者，他对国货和国外品牌的分析也是理性的。中国品牌因为更贴近中国市场的空间优势，有更了解中国消费者文化和审美需求、更快速决策的优势；而外资品牌的优势则是更悠久的品牌历史和更多的技术储备。品牌国别的民族情绪，或许会在某些时间节点上发挥催化剂的作用，但最终，中外品牌的竞争会归结为产品品质和对消费者需求满足程度的竞争。

所以，新国货的崛起，理应是品质的崛起，是核心技术的崛起，是理性消费者的崛起。这一趋势令中国品牌有了品牌自信和价格自信。若非如此，新国货的崛起则难以长期存续。

03

The New
Middle Class

财富篇
听得到财富存量时代的脚步声

Fortune

由表及里,新中产的财富积累与投资行为背后是他们的财富观。"君子爱财,取之有道",新中产财富观的核心虽是"钱",但他们只将钱视为工具而非目标。

在财富层面,新中产的资产过百万,负债也过百万,收入以财产性收入为主,财务信心略有下降。

在投资层面,新中产自称"不懂理财",可投资结构合理,对房产、股票、基金、家庭保障投资均有涉猎。这都是新中产为实现"自定义的美好生活"的结果。

财富观：
爱钱，但钱只是工具而非目标

对金钱，每个人都有自己的思考，对金钱的态度，体现的就是一个人的财富观。有些人视财如命，有些人则认为金钱"万恶"。事实上，这两种看法都过于极端，金钱并不是"万恶"之源，但也并非"万能"。

俗话说，"钱不是万能的，但没有钱是万万不能的"。许多新中产认为，实现梦想需要金钱的支持，填饱肚子后才能追逐梦想；自我价值的体现，与自己创造的金钱价值密不可分。

根据吴晓波频道关于财富观的调查，财富是新中产的人生目标中最普遍和基本的选项，3/4的新中产将"赚钱，实现财务自由"作为人生的目标，至少是阶段性的目标之一。

财务自由的概念，近几年在新中产人群中得到了普及，不少新中产会用一个典型的公式来衡量财务自由程度：

财务自由度=被动性收入（财产性收入）/日常消费支出×100%

但更多人则认为，即便按照这个公式达到了100%的财务自由度，也不足以说明实现了真正意义上的财务自由。因为现在生活成本增加很快，生活中也时常会产生计划之外的支出，这可能会导致收入的增长速度无法与支出的增长速度匹配,从而出现财务紧张的情况。正是如此,才有许多新中产将财富看得格外重要。

吴晓波频道还调研了这样两个问题:你认为财富是衡量个人价值的重要标准吗?你是否认为财富越多,幸福感越强?(见表3-1)

表3-1 新中产的财富观

单位:%

态度	财富是衡量个人价值的重要标准?	财富越多幸福感越强?
	人数占比	人数占比
非常不同意	12.9	20.2
有点不同意	9.7	19.0
一般	29.0	39.5
有点同意	31.5	14.5
非常同意	16.9	6.9

通过对上述结果进行分析,我们可以发现,**财富已被新中产视为衡量一个人社会价值的重要标准,不过并不是唯一的标准**。在财富与幸福的关系选项中,新中产选择最多的是中立的选项。而偏向于不同意"财富越多,幸福感越强"的人,也明显多于偏向于同意的人。

再加上考虑到日益高涨的生活成本和美好生活的开支成本,中国的新中产在财务上有一定的需求,是自然的现象。

赚钱只是目标之一而已——新中产的财富观,用中国古语"君子爱财,取之有道,用之有度"来形容,更加贴切。

在人生目标的选择中,**虽然选择财务自由的人最多,典型模式却是"实现财务自由+X"**。X的选择非常多样化,可以是"快乐、享受当下",来一场说走就走的旅行;可以是"更了解这个世界";可以是

"美满家庭及和谐的人际关系";可以是"健健康康地度过一生";也可以是"让世界因自己而改变"。

换言之,**新中产确实是爱钱的,但钱只是工具而非目标,他们真正的人生目标在于实现每个人为自己定义的美好生活。这便是新中产的财富观。**

对于新中产而言,"**90%的不幸福感与钱有关,但是90%的幸福感与钱无关**"。财富少有少的焦虑,财富多有多的焦虑,财富不会令人更加高尚,也不会令人更加浅薄。

当新中产的财富数额达到一定程度,想要生活得更好、更幸福,钱并不能帮上什么忙。比如,杭州的一位张小姐说道:"10年前我即便熬通宵,第二天上班也能精神奕奕。可如今,我的生活质量再怎么提高,也无法回到10年前的状态了。我现在才明白,有些事情确实无法依靠钱来解决。"

著名财经主持人曾子墨曾说:"如果一点钱也没有,生活不会快乐;如果有很多钱,也不一定会很快乐。钱是一个必要条件,而不是一个充分条件。"在此种财富观下,新中产迈着"听得到财富存量时代"的脚步,一边实现财富的积累,一边向自定义的更加美好的生活奔去。

财富概况:
56%是房产,负债率低,投资意识强

"问渠那得清如许?为有源头活水来",任何事物都仿佛是清如许的河渠,都有其源头活水,新中产的财富观也不外乎如是,有本有源。

在追根溯源的过程中，我们不难发现，新中产财富观的形成与其财富状况有着丝丝缕缕的关联。

一般而言，新中产的财富概况主要包含资产情况、家庭负债情况、收入结构情况和财务信心情况四大类。

资产情况：新中产家庭净资产中位数为371万元

"新中产"一词中，除了"新"，还有一个重点是"产"，即财富。新中产的财富积累虽然还未达到顶级水平，但其收入水平也位居"上游"。可以说，经济条件是定义新中产的标准之一。

吴晓波频道在2016年调查了新中产的资产情况，调查结果显示，新中产家庭净资产平均值为496万元，家庭净资产中位数是371万元。其中78%的新中产家庭净资产位于100万～2000万元（见图3-1）。调查显示，典型的新中产家庭的财富结构由5个部分组成，房产占据56%，

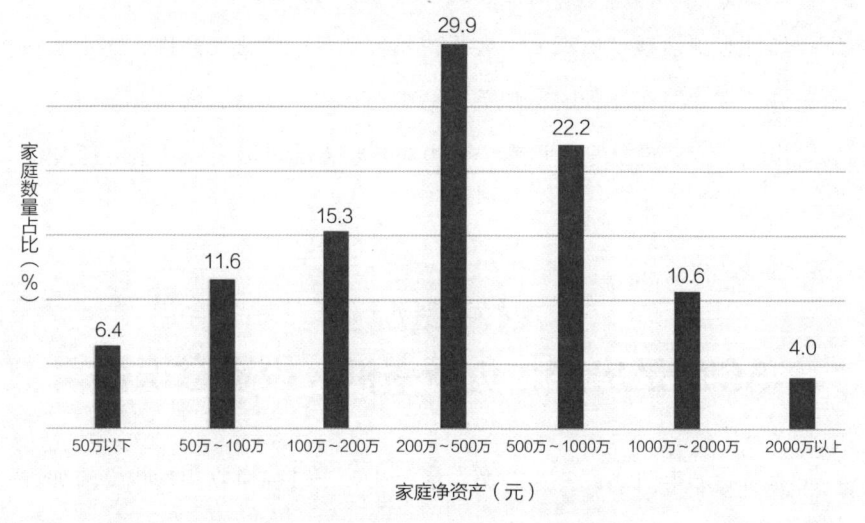

图 3-1 新中产家庭净资产情况

储蓄、银行理财占据17%，股票、基金、P2P三大大众金融资产占据14%，公司股权占据7%，还有6%的冷门资产。

"新中产，其实是手里有不少闲钱的一群人。"这是《2018新中产白皮书》的主笔孙振曦对新中产的总结。经济学家林毅夫曾说："穷人把钱存入银行，实际上是补贴富人。"事实上，金钱容易贬值，与其把金钱"烂"在手里，不如用"钱生钱"，赚取更多的价值。于是，绝大部分新中产会将手里的闲钱用作投资。吴晓波频道的报告显示，73.7%的新中产的可投资资产在20万~500万元（见表3-2）。

表3-2 新中产家庭可投资资产情况

可投资资产 / 元	家庭数量占比 / %
500万以上	3.9
200万~500万	9.2
100万~200万	18.9
50万~100万	23.6
20万~50万	22.0
20万以下	22.4

从整体来看，**新中产的家庭财富净资产均值**[①]是496万元。但是如果单以均值看财富，往往会得到一个相对较高的数据。实际上，家庭净资产超过均值的新中产家庭占比为37%，未达到平均值，是大部分新中产的状况。

2018年，中国资产量排位前20%的家庭，其平均财富为454.5万

---

❶ 家庭财富净资产均值 = 所有新中产家庭净资产总和 / 新中产家庭数量

元[1]，大致与新中产家庭的财富量相当。以此估算，中国新中产人群的数量应在2.5~2.8亿，与其他研究机构及本报告通过职业、教育等方式估算得出的人数一致。

如果将新中产家庭按家庭净资产量排序，得到的中位数是371万，即50%的新中产家庭净资产在此之上，而其余50%则在此之下。

新中产财富量的分布与所在城市高度相关。一线城市、新一线和二线城市及三、四线城市的新中产家庭财富，呈现典型的级差分布。

一线城市新中产的家庭净资产平均值为625万元，中位数477万元。在新一线城市和二线城市，这两个数值分别是473万元和345万元。而三、四线城市则降至359万元和273万元。这中间的差别，根据一种合理的推测，大部分来自不同城市级别之间的房产价格。

一线城市的房产均价[2]是532万元一套；新一线和二线城市的房产均价是163万元一套；三、四线城市的房产均价是82万元一套。而全国整体的房产均价为每套87万元。

在一线城市中，拥有一套房子的人的经济条件，大概率符合新中产的标准。在新一线和二线城市中，一个家庭或者个人需要拥有两套房才能达到新中产的标准；在三、四线城市则需要拥有3套房，才能达到标准。

家庭负债：平均负债率18.4%

2019年，"新中产家庭平均负债112万元"的话题成为"热搜"，

---

❶ 数据源于广发银行联合西南财经大学发布的《2018中国城市家庭财富健康报告》。

❷ 根据"中国房价行情"2019年6月的二手房房价数据，以100平方米一套房计算得到。

让众多网友无比震惊,纷纷留言:

"不仅工资达不到平均值,现在连负债都达不到平均值了!"

"谁能借我120万,让我达到平均值?"

新中产家庭平均负债112万元,是危言耸听,还是确有其事呢?"112万元"这个数据来自吴晓波频道2019年的调研,这一调查结果在相应的时间段内是准确可靠的。

调查结果显示,新中产家庭的平均负债率为18.4%(见图3-2),平均每个新中产家庭的负债量为112万元,大约相当于10年前购买的一线城市和3年前二线城市一套三居室房产的剩余按揭贷款。未结清的房贷,是新中产家庭负债的主要构成部分。

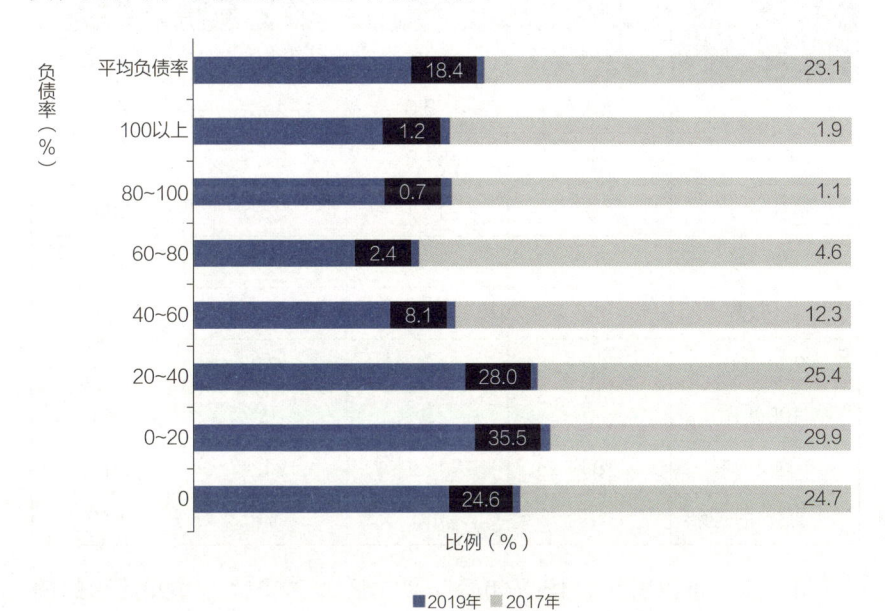

负债率(%)	2019年	2017年
平均负债率	18.4	23.1
100以上	1.2	1.9
80~100	0.7	1.1
60~80	2.4	4.6
40~60	8.1	12.3
20~40	28.0	25.4
0~20	35.5	29.9
0	24.6	24.7

图3-2 2017年和2019年新中产家庭负债率
(数据来源:吴晓波频道)

与2017年相比,2019年新中产家庭的负债率从23.1%下降到

18.4%。这一变化，缘于过去几年中新中产家庭总资产量的提升及非新中产家庭负债绝对量的下降，其中的主要原因显然是房价在2016～2018年大幅度增值，这与整个中国社会的家庭负债率增长的趋势并不符合。

原因也并不复杂，新中产的平均年龄是36岁，显著高于中国平均买房年龄，他们早已买好了房子。而过去几年中"抗压"买房的，绝大多数并非新中产。换言之，买房越早，负债率越低，不同年龄段的新中产中亦有同样的现象可以佐证这一点（见表3-3）。

表3-3　2019年不同年龄阶段新中产家庭负债率
（数据来源：吴晓波频道）

单位：%

负债率	家庭数量占比			
	"60后"	"70后"	"80后"	"90后"
0	53.7	28.0	15.7	21.6
0～20	29.8	51.8	37.6	26.6
20～40	13.5	17.1	32.5	28.0
40～60	1.5	2.3	10.0	12.5
60～80	1.5	0.8	2.1	7.1
80～100	0	0	0.8	1.8
100以上	0	0	1.2	2.5
平均负债率	8.5	11.2	21.1	25.7
没有房产的比例	0	1.0	3.6	12.2

由表3-3可以看出，按"60后""70后""80后""90后"的顺序，负债率依次提升。其中，"90后"新中产中零负债的占比，比"80后"新中产更高，这并非因为"90后"比"80后"更有钱，而是因为"90后"新中产中存在一定比例尚未买房的群体。如果把这部分人未来

几年内的买房需求（及相应的债务）考虑在内，则"90后"的负债率至少会达到近30%。

新中产家庭的负债率和投资理财能力的自我评分也有关系。对自我理财能力评分在1~3分之间的新中产家庭，其平均负债率为18.8%；评分在4~5分的新中产家庭，平均负债率为18.92%；自我评分6~7分的新中产家庭，负债率为24.62%；评分8~10分的新中产家庭，负债率为16.39%。

整体上，家庭负债率和投资理财自我评分呈现"倒U"型的关系。认为自己投资理财不合格的人，负债率也较低；而认为自己的投资理财能力够用（6~7分）的人，则会将家庭负债率提升到25%左右。

但投资理财能力更高的新中产（8~10分），家庭负债率反而降到了比理财能力不合格的新中产更低的程度。这可能有两种原因：第一是投资理财的能力越高，控制风险的意识更强，更不愿意举债投资；第二则是投资理财能力往往和家庭净资产量有关，而净资产量又和负债率成反比。能力越强，净资产量越高，负债率越低。

在房贷等大额负债之外，各种小额的消费金融信贷产品在新中产中也颇为流行，这是构成新中产小额负债的一部分。如信用卡、电商消费信贷、银行App上的现金信用贷款等。

过去，中国家庭对信贷的接受程度很低，原因在于，他们认为只有缺钱的时候才需要贷款。而买房这件事情为全中国新中产上了一堂杠杆科普课——**并不是缺钱了才需要信贷**。新中产对信贷接受程度的提升，是其拥有小额负债的重要因素。

即便如此，新中产家庭的负债率并不高，50%的新中产能把负债率控制在20%以内，仅有21.7%的家庭负债率超过40%。当然，这也得益于中国新中产家庭大多早早买房,在过去几年房价上涨的红利中,负债率被稀释了。

如今,新中产已经把信用卡视为常规的金融工具。吴晓波频道的调查显示,信用卡2019年在新中产中的渗透率为91.2%,与过去两年相比,这一比例有相应的增长。新中产信用卡拥有量的变化可以明显表现出这一增长。

比如根据吴晓波频道的调查,2017年没有信用卡的新中产家庭占10.3%;2019年,这一数量则下降了1.5%。拥有5~10张信用卡的新中产比例,经过3年上升了2.2%(见表3-4)。

表3-4 2017~2019年新中产拥有信用卡的数量变化

数量	人数占比/%		
	2019年	2018年	2017年
0	8.8	9.5	10.3
1~2张	51.3	50.0	51.8
3~5张	32.8	34.5	32.4
5~10张	6.1	5.2	3.9
10张以上	0.9	0.9	1.6

不仅是信用卡消费信贷,蚂蚁花呗、京东白条等电商消费信贷也成为新中产的选择,在新中产中的渗透率为54.5%。各种电商或银行App上的现金信用贷款的使用率为9.1%,其他类型的消费金融产品的使用率为4.6%。

蚂蚁花呗、京东白条等电商消费信贷的出现,让众多新中产开始分期付款,分期付款因此成了消费金融中值得注意的一点。现在,买房、买家电时，大多数人会采用分期付款的方式。即便买支口红、买件衣服，都有人分期付款。

分期付款的普及率与年龄有关，"60后"新中产中，2/3从不使用分期付款。而在"90后"新中产中则有3/5使用过分期付款。即便分期付款已经较为普及，可新中产很少频繁使用，不论是"60后""70后""80后"，还是"90后"，都是如此（见表3-5）。

表 3-5 新中产使用分期付款的情况

单位：%

使用情况	人数占比				
	"60后"	"70后"	"80后"	"90后"	整体
从不使用分期	66.2	62.2	54.7	42.7	53.2
偶尔使用分期	29.6	35.8	42.7	52.2	43.4
经常使用分期	4.2	2.3	4.1	5.8	4.4
每次都用分期	0	0.3	0.2	0.7	0.4

新中产偶尔使用消费金融分期付款的原因，往往与某一次或某几次消费本身的特殊性有关。比如，部分商品消费时，分期付款能够得到特别优惠；银行打电话或App推广做费用减免；偶尔的现金不足，或是希望留一些现金在手边。

房贷、消费金融信贷等，导致新中产平均负债的数值看似很大；但整体而言，新中产不论在家庭负债率（主要是大额、长期负债）还是消费金融使用（主要是小额、短期负债）上，都秉持着较为谨慎的态度，很注重自己的社会信用。

这一点也体现在信用报告的普及上。2017~2019年的3年里，从未看过自己央行信用报告的新中产比例，从54.7%下降到46.6%。更多的新中产开始有意识地管理自己的社会信用，只看过一次信用报告的新中产比例从30.1%上升至38.2%；每隔几月定期查看信用报告的新中产比例，从15.2%上升至15.3%。新中产查看信用报告的频次变多。

总之，当收入与支出不平等时，便会产生负债。要理解新中产家庭的负债情况，就必须明确新中产的收入结构。

家庭收入结构与收入支配结构

从收入结构来看，大部分新中产拥有工作之外的财产性收入[①]。吴晓波频道对新中产收入结构的调查显示，88.3%的新中产在工作外**有财产性收入，占家庭收入平均比重0~10%的比例为56.4%**（见表3-6）。

表3-6 新中产财产性收入占家庭收入比的情况

单位：%

财产性收入占家庭收入比重	家庭数量占比
0	11.7
0~10	56.4
10~20	14.2
20~40	9.9
50及以上	7.8

从收入支配结构来看，财产性收入会极大地提升新中产的收入水平，使新中产的可支配收入基数更大，不仅可以消费，还有闲钱用于投资。吴晓波频道的调查显示，新中产家庭收入的支配安排中，有65.9%用于消费和还贷，34.1%用于储蓄和投资（见图3-3）。

---

❶ 指通过资本、技术、管理等要素与社会生产和生活活动所产生的收入。

■ 消费　　■ 还贷　　■ 储蓄/投资

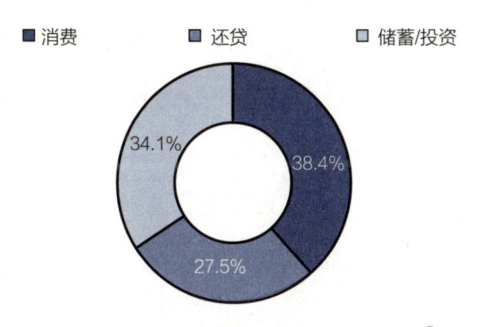

34.1%　38.4%　27.5%

图 3-3　新中产家庭收入的支配结构[2]

目前，许多新中产家庭十分重视投资。巴菲特曾说："一个人一生能积累多少钱，不是取决于他能够赚多少钱，而是取决于他如何投资理财。人找钱不如钱找钱，要知道让钱为你工作，而不是你为钱工作。"大部分新中产家庭看到了投资的重要性，会留有一部分收入用于投资。

从事金融行业的陈先生表示，最近几年，他能够明显地感受到身边越来越多的朋友开始关心投资，有大量积蓄的会投资房产，每月收入较高的会定投（定期定额投资）基金。陈先生也不例外，对投资的重视程度逐年递增。

陈先生每月税后工作收入2.6万元，除此之外，还有房产投资收入、基金定投收入和其他收入；其妻子的收入水平与之相当。两人每月的伙食、外出、交际等各种费用大约有1.5万元，剩余的款项用于还房贷，留存后备金和投资。

陈先生认为，家庭收入的分配必须合理，否则很难应对生活中出现

---

[1] 在问卷和访谈中，部分受访者将还信用卡等短期债务归于"还贷"类中，实际还贷占收入比会略低于27.5%。

的危机。我们可以将收入看作成一台"生钱机器",而投资就是利用这台机器创造出产品,然后用交易产品获得的资金购买更多"生钱机器",从而实现"钱生钱"。

若以不同的资产量作为观察角度来看新中产的财产性收入,则其呈现明显的马太效应——越有钱的新中产,对工作收入的依赖度越低,拥有的投资理财收入也越多。

财务信心:整体收入增速下降,马太效应明显

在过去几年中,中国经济逐步换挡减速,中产家庭的收入增长和他们对收入增长的预期,也同样处于下降的过程中。

2017年,有接近一半的新中产认为,来年收入增长将超过10%,2019年则仅有略多于1/3的新中产有此信心。与之对应的,2017年,仅有15.3%的新中产认为来年收入增长基本停滞(5%以内甚至负增长),2019年则有25.2%的新中产持有相同的预期(见表3-7)。

表3-7 新中产对未来一年收入的预估情况　　　　单位:%

对未来一年家庭收入增长的预估	人数占比		
	2019年	2018年	2017年
<0(负增长)	1.2	1.1	0.4
0~5	24.0	21.6	14.9
5~10	40.1	37.8	36.4
10~20	23.2	25.2	30.4
20~50	8.8	10.5	14.7
50~100	1.4	2.3	1.6

续表

对未来一年家庭收入增长的预估	人数占比		
	2019年	2018年	2017年
100以上	1.3	1.5	1.7
预估高于百分之十的人数占比	34.7	39.5	48.4

不过，新中产对未来家庭总资产的增长情况似乎更有信心。吴晓波频道2019年的调查数据显示，41.2%的新中产认为，未来5年中，家庭总资产将以超过10%的速度逐年递增（见表3-8）。但总资产得到增长，不意味着新中产可以高枕无忧，因为资产增长的同时，支出也在增长。

表3-8　2019年新中产对未来5年家庭总资产每年增加百分比的预估情况

未来5年，家庭总资产平均每年增加百分比	人数占比/%
<0（负增长）	2.2
0~5	18.7
5~10	37.9
10~20	32.3
20~30	5.6
30以上	3.3

某建筑企业的中层职员黄小姐说："现在生活成本增加很快，目前投资理财每个月赚1万元可能就够你生活了。但是三五年后，不管是房租还是房价，或是其他生活成本，就又要翻倍了，而且还有很多意想不到的支出。拿现在的标准预估，一点意义也没有。"

新中产对家庭收入的预估中，存在快速增加的支出和对未来的不确定，这导致新中产的财务信心出现偏差，最终给新中产带来强烈的不安全感和焦虑感。

财富焦虑感强，主要是因为现有的收入不足以应对未来的挑战，于是，新中产会尽自己最大努力，在正规渠道、合适范围之内赚更多的钱财。一方面是开源，一方面是投资。

还有的新中产会为财务估算一个实际需要的数字，并以此作为目标。程序员小张认为："如果是在北京、上海的话，未来生活可能需要至少5000万元，但在湖南，一两千万元就行。"问他这个数字是怎么算的，他说："这个我也没有具体算过，每个人的标准不一样，但我估计，考虑消费水平、房价等各方面的情况，以及未来对小孩和家庭的投入，这样一个金额是需要的。"

总体而言，中国新中产在财务上是有强烈改变现状的诉求的，可他们的投资理财能力还远远不够。目标和能力之间的差距，导致了新中产在投资理财上普遍存在焦虑。

其实在某种程度上，焦虑是合理和有益的。而且焦虑对于新中产而言是结构性的、不可避免的存在。因此，新中产需要接受焦虑存在的合理性与意义，并尝试将焦虑控制在最佳的范围之内。这是在马太效应明显的情况下，新中产保持财务信心的重要方式。

投资行为风格：
自称"不懂理财"，但投资结构合理

要想深入了解新中产的财富观，我们还需要透过新中产的投资行为风格——"不懂理财，但投资结构合理"，来观察新中产的投资决策和投资能力、资产配置、各项投资和家庭保障等方面的情况。

投资决策和理财能力

与2018年相比，2019年新中产理财能力的自我评分有小幅下降，平均得分从5.35分下降至5.31分（见表3-9）。除了调研存在的正常误差，另一种可能性是2018年股市行情低迷，令2019年一部分新中产人群降低了对自我理财能力的评价。

表3-9 新中产对自己理财能力的评分情况 单位：%

分数	人数占比（2019年）	人数占比（2018年）
1	4.0	3.2
2	4.2	3.8
3	11.3	9.2
4	11.6	11.7
5	19.9	22.6
6	22.9	24.0
7	14.9	14.6
8	6.5	8.3

续表

分数	人数占比（2019年）	人数占比（2018年）
9	2.1	2.1
10	2.6	0.5
平均分	5.31	5.35

尽管对理财能力的自我评分并不高，但是，新中产的理财决策意愿却非常强，71.7%的新中产在理财决策上以自己的意见为主（自己做主，或是全家商量但以自己为主）。

这种强意愿与性别无关。实际上，男性和女性新中产的决策意愿分布结构相差不大（见表3-10）。吴晓波频道的调查结果显示：新中产群体在家庭投资决策层面，有30.1%自己决策；2.2%是配偶决策；15.1%是家人各自做自己的投资理财；11%是全家商量决策，但以配偶为主；41.6%依旧是全家商量决策，但自己是主要决策人。

造成此种情况的可能原因有二。第一是新中产低估了自己的理财能力，第二则是家庭其他成员的理财能力更差。这与新中产的自我认定有关，理财能力更好的一方，或者理财意愿更强烈的一方，更可能认为自己是新中产中的一员。因此，不同性别给出的答案都是以自己为主。

表3-10 对"家庭投资理财决策者"的调查结果 单位：%

决策人	男性回答者	女性回答者
自己	31.9	30.6
配偶	2.5	2.1
全家商量，但以自己为主	41.8	38.4
全家商量，但以配偶为主	9.4	11.8

续表

决策人	男性回答者	女性回答者
家人各自做自己的投资理财	14.4	17.1

新中产是一群具有理财经验的人士，这也意味他们可能遭遇过投资亏损。仅有10.8%的新中产表示从来没有在投资中损失过，其中绝大部分没有投资过股票、基金等高风险资产；其余90.2%的新中产则或多或少有过损失。

新中产家庭中不论是谁决策，都会考虑家庭的风险承受能力。具体而言，新中产的风险承受能力并不算太强，仅有不到4%的新中产认为自己可以承受超过20%的损失。他们都希望自己的投资理财是保本的。

2019年，吴晓波频道对新中产家庭面对亏损的态度进行了调查，结果发现，47.3%的新中产会设置一个止损点；27.4%的新中产会等待反弹；11.2%的新中产会直接卖掉，停止损失；9.6%的新中产会加码，摊低成本价；还有4.5%的新中产会减码，卖掉一半。

而且，绝大部分的新中产会有意识地控制投资理财的下跌风险。2017年，有54.6%的新中产希望将投资理财的下跌风险控制在10%以内，85.7%的人希望将强风险控制在20%以内。2019年，这两部分人的比例分别为55.7%和84.9%。

这一点，从新中产投资经历的最大单笔损失中和获利情况调查获得的数据中也可以得到佐证（见表3-11）。在家庭可投资资产20万～50万元的新中产家庭中，最大单笔损失不超过家庭可投资资产的10%（即5万元）的家庭占82.3%；在家庭可投资资产50万～200万元的家庭中，这一比例为91.1%；在家庭可投资资产200万～500万元的家庭中，这一比例则是93.1%。

表3-11 投资理财中最大的单笔损失和获利情况

损失/盈利（元）	最大单笔损失的人数占比/%	最大单笔盈利的人数占比/%
0	17.1	6.6
0~1万	31.0	28.6
1万~5万	25.5	34.8
5万~20万	15.2	16.9
20万~50万	7.1	8.3
50万~200万	3.6	3.7
200万~1000万	0.5	0.9
1000万以上	0.1	0.1

新中产投资理财经历中，亏损和盈利的结构大致相当，获利情况略好于亏损。由表3-11可知，在单笔损失和获利金额为1万~1000万元的区间内，新中产赢利的比例均高于亏损。

由此可见，新中产在投资决策和投资能力层面的焦虑确实存在，这是一种务实的焦虑。这种焦虑促使新中产去学习相关知识，进行更加合理的投资资产配置。

资产配置：三、四线城市有更高的股权配置

《2018新中产白皮书》中，新中产的家庭资产分为四大类（见图3-4）：

财富基石型资产（参与度很高，且投入的资金规模大）：房产、银行存款/理财

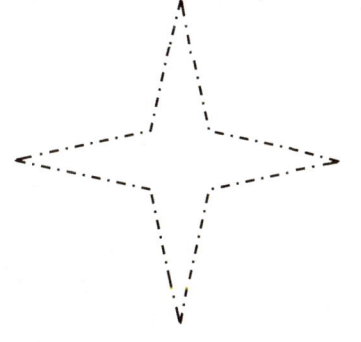

专项针对型资产（参与度不高，但一旦参与，会投入相对可观的资金）：海外资产、私募基金、信托、比特币

重点关注型资产（参与度比较高，投入的资金也比较大）：股票、基金、互联网理财

浅尝辄止型资产（参与度不高，投入的资金也有限）：贵金属、债券

图 3-4　新中产家庭资产的四大类

在2019年，吴晓波频道对各类资产具体占比的统计更为精确，得以更准确地分析新中产家庭的财务结构。新中产家庭的资产种类总共包含14项（见表3-12）：

表 3-12　各类资产具体占比情况

单位：%

种类（多选）	人数占比	该资产在家庭净资产中的占比
自住房产	96.6	37.40
投资房产	80.7	19.78
理财产品	89.8	8.59
银行储蓄	93.6	8.11
公司股权	54.7	6.80
上市公司股票	66.9	5.30
公募基金	67.5	4.66

续表

种类（多选）	人数占比	该资产在家庭净资产中的占比
P2P等互联网理财	59.2	3.58
海外资产	20.0	1.44
私募基金	17.8	1.36
债券	22.7	0.81
数字货币	15.0	0.75
贵金属	38.5	0.72
信托	12.0	0.70

这14项精细的财务类别可以分为房产、储蓄和银行理财、三大金融资产、公司股权、冷门资产五大类别，这是典型的新中产家庭财富构成。

房产在新中产家庭财富中以57.18%的比例，占据着绝对的主导地位。这57.18%中，有37.40%是自住房产的占比，另有19.78%来自投资性房产。如果将37.4%的自住房产占比从家庭财富结构中剔除，剩余的部分是新中产家庭纯粹的投资资产。其中投资资产主要包含不动产、低风险大众金融资产、高风险大众金融资产、股权资产、非典型资产和高净值资产。

吴晓波频道对新中产的这6项投资资产进行了较为精准的调查，并得出新中产家庭的投资结构（见表3-13）：

表3-13 新中产家庭的投资结构

单位：%

大类	资产	在家庭投资中的占比
不动产	投资性房产	32.2
低风险大众金融资产	储蓄、银行理财、债券	28.5

续表

大类	资产	在家庭投资中的占比
高风险大众金融资产	股票、公募基金、P2P	21.9
股权资产	公司股权	9.4
非典型资产	数字货币、贵金属、海外资产	4.7
高净值资产	信托、私募基金	3.4

注：投资结构中，不包含自住性房产。

如果将公司股权也当作一种变相的高风险金融资产，**那么新中产家庭的典型投资结构呈现三三制的结构，即1/3不动产+1/3高风险金融资产+略低于1/3的低风险大众金融资产+8%其他配置。**

但在具体案例中，各个家庭的投资结构千差万别。例如，不同级别城市的新中产财富配置各不相同。总体而言，**不同级别城市新中产家庭的投资结构主流资产基本同构，小众资产结构迥异。**

一、二、三、四线城市新中产的投资结构中，不动产（投资性房产）、低风险金融资产（储蓄、银行理财、债券）和高风险金融资产（股票、公募基金、P2P）这三类主流的大众资产基本同构（见表3-14）。

表3-14 不同城市级别新中产家庭的投资结构

单位：%

资产大类	一线	新一线、二线	三、四线
不动产	30.8	31.6	30.3
低风险大众金融资产	28.6	28.6	28.5
高风险大众金融资产	22.5	21.6	21.4
股权资产	9.2	10.2	13.7

续表

资产大类	一线	新一线、二线	三、四线
非典型资产	6.2	3.4	3.5
高净值资产	2.7	4.6	2.6

除了这三大类资产，不同级别城市新中产在其他相对小众资产的配置上，则呈现截然不同的配置特点：一线城市的新中产更加偏爱非典型资产，尤其是海外资产；新一线、二线城市新中产更偏爱高门槛的高净值资产（信托和私募基金）；而三、四线城市中产则有更多的股权配置。

其中，最值得注意也是与直觉相异的，是三、四线城市的新中产相对于一、二线城市的新中产，有更高的股权配置。

股权和数字货币、海外资产、私募基金、信托等资产一样，往往被认为是一种"高级"资产，在高净值人群中接受度最高，而在中产人群中，则属于正在逐步普及但尚属小众的资产。

以此逻辑而言，股权的配置比例，应当和其他几类资产一样，在一线和二线城市新中产中更高，而在三、四线城市中配置比例低。但从数据上来看，事实并不是这样。

从吴晓波频道的报告结果来看，三、四线城市新中产股权持有占比反而更高。不过，股权和其他几类资产的区别在于，它与职业的相关性高。

在一线城市和二线城市新中产的职业构成中，创业者（毫无疑问持有公司股权）和高管（也有很大可能持有公司股权）的占比分别是20.8%和20.2%，而三、四线城市的比例则是35.1%，显著高于前两个城市级别（见表3-15）。而持有股权资产的新中产比例，在三、四线城市中的比例也同样高于一、二线城市。股权在三、四线城市新中产中的高配置，最大的可能性正在于此。

表3-15 不同城市级别新中产股权持有占比

单位：%

	一线	二线	三、四线
持有股权资产者在新中产中的比例	45.7	51.3	60.6
高层管理者/创业者在新中产中的比例	20.8	20.2	35.1

在未来，不同城市级别的新中产所在行业的分布结构与所持有股权的行业的关系，以及这种关系是否会影响股权未来的增值空间，是一个值得人们深入探究的命题。

总而言之，新中产在家庭资产的配置上其实做得还不错——尽管很多人认为自己不懂投资理财，但多元分散、兼顾风险的朴素道理，未必需要具有专业的投资知识才能做到。

新中产自称的"不懂理财，心理焦虑"，与其说是对现实的客观反映，不如说是家庭财务掌控力的信心问题和对未来不确定性的忐忑心理。 这两个方面才是新中产投资理财时需要学习和补充的。

因此，大部分新中产最需要的，既不是源头上的原理性知识，也不是"告诉我什么时候买、什么时候卖"的功利性方法，而是家庭规划和信息的趋势性解读。这些知识能够帮助新中产对家庭的资产配置做出调整。

房产投资：在自己所在的城市购买

房产是众多新中产家庭会投资的项目。大部分新中产家庭在选择投资性房产时，会在自己所在的城市购买，占比达到65.9%，接近2/3。

其余1/3的新中产家庭会在其他城市、地区或国家选择投资房产，中国各个省级行政区的核心城市是毫无疑问的首选。其中，投资者所在省的核心城市占比为10.1%（大部分来自三、四线城市的新中产在本省省会买房），跨省到其他省级行政区核心城市购房的比例，也达到了10%。

这三者相加，基本代表了中国投资房产的主流选择——要么买在本地，要么买在大城市，不论是附近的还是其他省的。

其他选择占比相对较小，投资自己所在城市以外的中小城市，本省的为6.1%，跨省则是4.0%。至于海外房产投资，比例不大，去东南亚的占比为1.7%，去欧美、日本等发达国家和地区的占比为1.5%。总体而言，随着人口流动，产业转型升级、发展与新的聚集，**新中产的房产投资首选是各省的省会城市**，他们的目光越来越聚集在核心城市。

譬如，从事风投行业的李先生表示："房产，我考虑投一线城市的，虽然价格比较高，但是以现在的单价买一套房，我不会特别担心10年、20年以后的回报率不够高。但是三、四线城市的房产，自住的概率比较大，（如果要投资）我就会很担心，不会买。"

除了房价本身，房产投资在新中产眼里还有另一种不同的解读角度。中国人传统的观念是"无债一身轻"，而在新中产的观念中，合理的负债是为自己撑起财务杠杆、撬动更大财富机会的一种理性手段。

一位金融领域的从事者说："我觉得，在财务上，有一种说法叫合理的负债，就是如果投资的收益率比负债的利息高，那么负债其实是合算的。我觉得中国有一个很奇怪的特点，就是把钱存到银行的利息不高，从银行借钱的利息也不高——反正和房价是没法比，但是一般人借不到。所以我觉得，买房子是中国人应该干的事，因为作为一个小老百姓，你能从银行借到一大笔钱，而且利息不高，只有通过房贷才能得到。买房子不是为了等房价涨，比房价涨得快的东西多了去了。买房子是为了给自己加一点杠杆。"

不论是从房价本身,还是从合理负债的角度来看待房产投资,在过去的几年里,房产投资都创造了巨大的价值。吴晓波频道的调查显示,投资性房产投资占家庭总资产超过20%的新中产家庭不在少数,他们在参与调查的新中产家庭中,占到了50.5%的比例(见表3-16)。

表3-16 投资性房产在家庭资产中的情况 单位:%

投资性房产占家庭总资产的比例	家庭数量占比
0	19.3
0~5	4.3
5~20	26.0
20~50	40.9
50以上	9.6

买房几乎给所有人上了一堂课——一般而言,不论是投资还是自住,越早买房的家庭获得的价值越高。

比如,作为新中产一员的方先生便是买房的获益者。方先生目前是深圳某制造企业的中层管理者,他在2015年买了一套房,当时的房价远远低于如今,方先生想到这一点感觉十分庆幸——如果现在才买房,必然供不起房贷。

方先生在采访时还分享了自己某位朋友的情况。2015年,方先生劝说朋友在深圳买房,可朋友不愿背负房贷,因此错失良机,现在根本买不起房。某次聊到买房的话题时,朋友十分懊悔:当初咬咬牙也能买房,不至于如今30多岁还在租房,颠沛流离。最近,朋友考虑到房价问题,打算回自己的家乡(四线开外的小城市)买房。

买房的浪潮不仅成就了方先生一人，也为众多新中产崛起创造了条件。有许多人说，买房的黄金时代已然过去，未来房价会被控制住，买房不再是好的投资方式。但就目前而言，虽然高潮已退，却大可不必那么悲观。对于大部分新中产而言，买房依旧还是一种不错的投资选择，因为其他类型的投资亏得多，可买房大亏的可能性不大。

真正的房产投资，并不是"买了就转手卖掉"，而是要进行比价和估值。投资者应充分考虑各方面的因素，包括户型、交通、学区、商圈、装修、物业、小区环境等因素。

例如，有些新中产在投资房产时，会对多套房子的情况在心里做一个综合评价，做很多功课，估计出当下比较合适的价格。更有甚者，平时就密切关注楼市的数据，集中观察市场，每隔几个月就抽出三四天时间跑跑看看。

若新中产能够做足功课，对房子进行合理正确的比价和估值，即便缺乏房产投资的经验，不懂房产投资，也能够获益。

股票投资：2/3的人购买了股票

尽管股票素来被认为是一种"不赚钱"的资产，但中国的新中产家庭中，仍有2/3购买了股票。

在投资股票这件事情上，新中产是价值投资的拥趸，在投资过程中，他们也时刻关注各项指标，例如所在行业发展和竞争情况、宏观经济发展走势、企业财报里的财务数据、股市资金面的宽松/紧张程度、K线和D线等技术指标。

其中，新中产最关心的因素，是行业发展和宏观经济走势等经济基本面情况，其次则是上市公司本身的经营情况（见表3–17）。他们认为，只要一个经济体还在不断发展的过程中，一个行业具有良好的增长空间，一个企业的经营是健康的，那么这些最终会反映到股价上。这需要时间和过程，他们愿意等待。

表3-17 新中产投资股票时最关心的指标

单位：%

指标（多选）	人数占比
所在行业发展和竞争情况	68.10
宏观经济发展走势	66.67
企业财报里的财务数据	45.14
股市资金面的宽松/紧张程度	24.72
K线、D线等技术指标	15.95
其他	1.59

在这3项基本面信息之后，新中产也认为整个市场的资金面会对股票投资造成影响，他们需要关注这一点。其次，才是"K线、D线等技术指标"，仅有15.95%的新中产将其列为股票投资过程中最关心的要素之一。

总之，时刻关注股票各项指标，是新中产投资配置结果不错的原因之一。

基金投资：偏股型基金成首选

和股票类似，也有2/3的新中产投资了基金。基金投资是大部分新中产会选择的配置。

投资基金的新中产，首选是偏股型基金，约2/3持有基金资产的新中产选择了偏股型基金。他们的考虑是，既希望将一部分资产配置到股票上，又不希望花费过多的时间在具体个股和买卖时机的选择上，所以更倾向于通过基金的方式投资。

类似的，还有41.78%的新中产选择了指数基金。调查结果显示货币基金的持有率是45.48%，但这一数据很有可能被低估了，原因在于很多新中产并没有将余额宝视为一种货币基金（见表3-18）。

表3-18 新中产投资的基金类型占比

单位：%

基金类型（多选）	人数占比
偏股型基金（股票型和混合型）	65.19
货币基金	45.48
指数基金	41.78
债券型基金	29.33
其他	1.19

在投资基金时，新中产也讲究方法。近一半的新中产选择定投或"定投＋分批买进"的方式；选择一次性花一大笔钱买入的比例，不到1/4（见图3-5）。

在大部分新中产心目中，**定投是一种稳健的、适合自己的投资理财策略**，这与定投的3个特点密不可分：

1.长期、稳定、持续的小笔资金投入，不需要单笔大额资金，适合收入和支出稳定，也有一定积蓄的职场新中产；

2.被动型的指数基金或表现稳定的股票型和混合型基金，其中的人为干预较少；

3.基金的买入时机不重要，随时都可以开始，但要确保至少走过一个上升周期。定投收益的周期一般是3～5年，同一只基金如果定投时间超过3年，那么不论开始定投的时间是处于高位还是低位，最后的收益率其实相差不多。换言之，如果新中产打算定投，可以马上开始。

48.3%
定投+分批买进

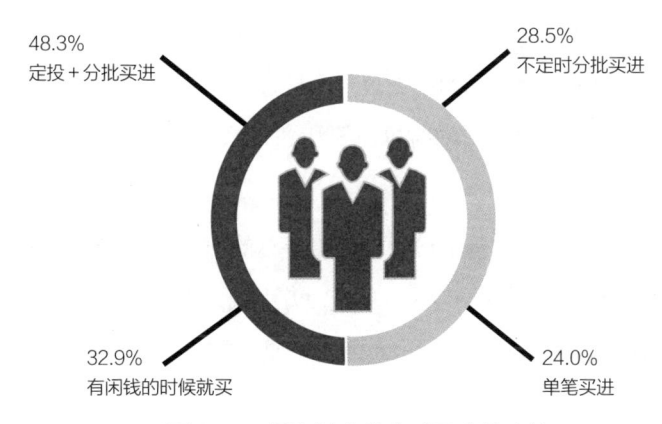

28.5%
不定时分批买进

32.9%
有闲钱的时候就买

24.0%
单笔买进

图 3-5　投资基金的方式及人数占比

除此之外，新中产显然也明白要判断市场走势并不容易，最好的方式还是分散进入，这在很大程度上能避免买在高点、买到即跌的风险。

买基金选择定投或是定投＋分批买进的另一个原因，则与新中产的收入结构有关。新中产绝大部分（85%）的收入来自稳定的工作收入，这部分收入中，每年有超过三成会留存下来用于储蓄或投资。因此，新中产在投资基金时其实具有一项相当容易被忽视的优势——他们有源源不断可以补充的资金。

此外，新中产有良好的学习能力，基金投资相对于股票而言，是一种更加容易入门的投资方式。这些因素汇总在一起，令基金成为在新中产中广受欢迎的投资工具。

作为新中产的一员，Titan先生一直十分喜欢基金投资。2013年从学校毕业之后，他就开始有意识地学习理财。那个时候学理财远没有现在方便，他直接用百度搜索"理财入门"，百度推荐的首先是一些股票开户网站，然后是基金定投的内容。他觉得基金定投的道理简单，操作简便，就继续针对这方面再找了一些相关的书和文章，看看别人的方法。

然后他开始试着定投，慢慢有了一点自己的经验，主要是在选什么基金、怎么选、买入和卖出的时机需要注意什么，等等。

之后的2014年和2015年恰逢股市牛市，基金也涨了很多。2015年5月，Titan先生卖掉了手头的基金份额，两年多总的回报率是50%左右。回报率不错，但是由于投入金额不大，只赚了2万多元。卖的原因，是他好几次在公共场合听到有人向朋友推荐股票，一次是在写字楼的电梯里，一次是在咖啡馆里。而他在彼得·林奇的回忆录里看到过一条"鸡尾酒会"法则：当一些完全不懂股票的人开始推荐股票的时候，就说明牛市快要结束了。

后来，股市真的跌了。但那次只能算是他的运气不错，这也促使他再深入地研究基金和宏观经济及整个股票市场的关系，更好地把握它的本质。定投其实是一种守株待兔的笨办法，每个月都买一点，最后的平均成本不会很高，哪怕在一段时间里亏一点也没关系，2~3年的时间里，总有一段时间会涨起来，就赚到钱了。当然，若要用定投赚很多钱的话，那也是不现实的。

2015年下半年开始，到2017年年底卖出，是Titan先生的第二轮定投；2017年年底到现在是第三轮。2018年股市大盘跌了25%~30%，当年下半年，Titan先生看股市实在是跌得太过分了，就手动加了一点点资金，边跌边买——当然也是边买边跌；最后，他总的亏损率在10%。2019年上半年股市涨了一轮，他很快就回本了，还赚了30%。

和其他的投资品一样，投资基金需要花一些时间，对新中产而言，最重要的是找到适合自己的方法，不可盲目从众。

家庭保障：1/4会为家庭所有成员买保险

保险，是家庭的保障型资产之一。2018年，吴晓波频道调查了新中产购买保险（包括有购买意愿但还没有购买的）的比例，2019年又调研了实际已经购买了保险的新中产比例。

从数据上看，新中产已经建立起普遍的保障意识，大部分人对保险的态度积极，90%以上的新中产至少会为部分家庭成员购买保险，其中接近1/4的新中产家庭会为所有家庭成员——包括自己、配偶、孩子和父母，都配备商业保险（见表3-19）。

表 3-19　新中产家庭购买保险的情况　　　　　　　　　　单位：%

被保险人	已经购买的人数占比（2019年）	已经或打算购买的人数占比（2018年）
自己	74.9	79.1
配偶	54.4	66.5
孩子	50.6	61.1
父母	29.8	34.6

在保费投入上，超过3/5的新中产家庭年保费支出在5000元以上；其中1/4的家庭年保费支出在20 000元以上（见图3-6）。

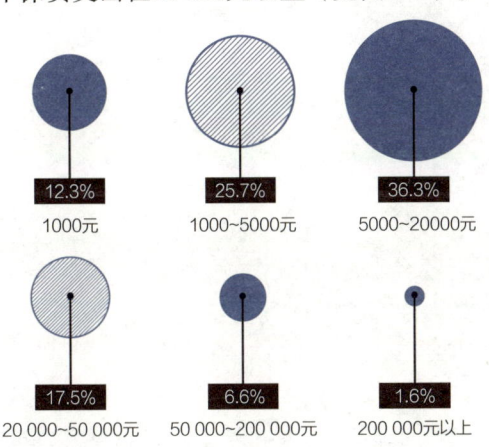

12.3%	25.7%	36.3%
1000元	1000~5000元	5000~20000元
17.5%	6.6%	1.6%
20 000~50 000元	50 000~200 000元	200 000元以上

图 3-6　新中产每年保费支出情况

在已经购买了保险的新中产家庭中，重大病险、意外险和车险这3种类型是最受欢迎的险种；其次则是寿险，2019年有41.7%的新中产购买；教育险、万能险的购买率均在20%左右。与2018年相比，这些险种的购买率均有小幅度的提升，其中，寿险和教育险的增幅最大（见图3-7）。

● 2019年 ● 2018年

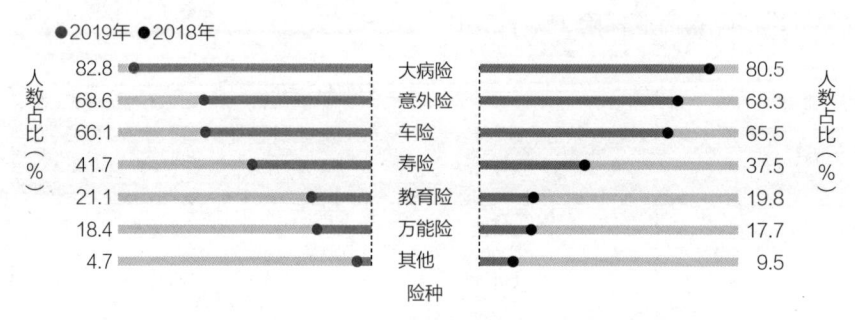

人数占比（%）	险种	人数占比（%）
82.8	大病险	80.5
68.6	意外险	68.3
66.1	车险	65.5
41.7	寿险	37.5
21.1	教育险	19.8
18.4	万能险	17.7
4.7	其他	9.5

图 3-7 新中产购买保险的种类

总而言之，新中产投资理财时需要掌握这样一条核心规则：不做钱的奴隶，做钱的主人。无论采用何种投资方式，新中产都需要牢记初心，切勿因财富迷眼，错过了美好生活。

04

The New Middle Class

职业篇
新中产，一种新身份的城市化扩散

Professional

在新中产的职业结构中，IT/互联网、制造业和金融业是新中产分布最多的行业；在职业观方面，新中产对努力工作是认同的，但对晋升和薪酬回报的满意度却不高；在职业选择方面，不同的年龄阶段的新中产偏向不同，越来越多的年轻新中产不再满足于"单一职业/身份"这种"无聊"的生活方式，而是愿意选择能够拥有多重职业和身份的多元生活方式——这种生活方式被称为"斜杠"。

职业观：
努力工作是共识，晋升、薪酬回报满意度不高

2019年6月，熊峰成为大学毕业生中的一员。他并没有像初入大学校园时规划的那样找一份和金融专业对口的工作，而是选择去日本留学，学习摄影。兴趣，是他做出这个选择最大的驱动力。大二时，熊峰出于旅行的需要，购置了第一台单反相机，从此爱上了摄影。自学一段时间后，熊峰开始在学校里接一些拍摄的订单，并逐渐在微博积累了13万的粉丝数量。大三那一年，他已经通过摄影赚到了20万元左右。

时代的飞速发展，经济环境和公司命运的转变，都在影响着新中产。从2010年到2020年的10年里，从迷茫到自我肯定，从被动到主动，新中产在选择职业时越来越注重自我价值的体现。这是自我发现的10年，也是雇佣关系趋于平等的10年。

相较于其他阶层的人群在工作时更关注工资和福利，新中产人群更关注行业的发展、企业的定位及自己能否获得更多的成长机会。用一句话来说，新中产在择业时，**越过收入看增速，越过赚钱赚本钱**。

吴晓波频道调查新中产人群的职业观时，一位"90后"新中产在谈及对上班的感受时这样调侃："上班就是在浪费时间与青春，当有一天，上班成为一件让你每天早上醒来都感到无比痛苦的事情时，你就该考虑换份工作了……"

2018年，全球知名的职场社交平台领英针对15万份用户公开档案展

开统计分析，并发布了《第一份工作趋势洞察报告》。该报告显示，"70后"的第一份工作平均超过4年，"80后"是3年半，"90后"骤减到19个月，而"95后"仅仅在职7个月就选择了离职。

那么，历经了1992年伊始的大规模社会主义市场经济改革，1999年的高等教育第三次扩招，21世纪互联网技术的普及，以及2014年的大众创业、万众创新浪潮，新中产究竟拥有怎样的职业观呢？下面为大家详细解读。

职业满意度：对同事关系最满意，对晋升慢最不满

你对你的职业满意吗？

2017年，一篇标题为"95后实习生嫌电脑太破，秒炒公司CEO走人！"的爆料帖在微博上疯传。实习生留给公司老板的便签上写着"电脑太慢，我不干了"这几个字，表面看起来辞职的原因是"电脑太慢"，实际暴露的是其对职业的强烈不满。那么，新中产（特别是"80后"和"90后"）真的对自己从事的职业如此牢骚满腹吗？

为了弄清这个问题，2019年，吴晓波频道联合智联招聘对新中产"职业满意度"进行了全方位的调查统计。

首先，从不同年龄段看新中产对职业的满意度。结果显示，**从年龄段来看，年龄越大，对职业满意度越高**。其中"60后"和"70后"对自己职业的满意度均在八成以上（见图4-1）。这不难理解：年龄越大，级别、收入、财富量就越高，带来满足感的可能性也就越高；而他们的"职业期望度"[①]相对来说更低，带来失落感的可能性也更低。

---

① 职业期望度 = 预期 / 现实。

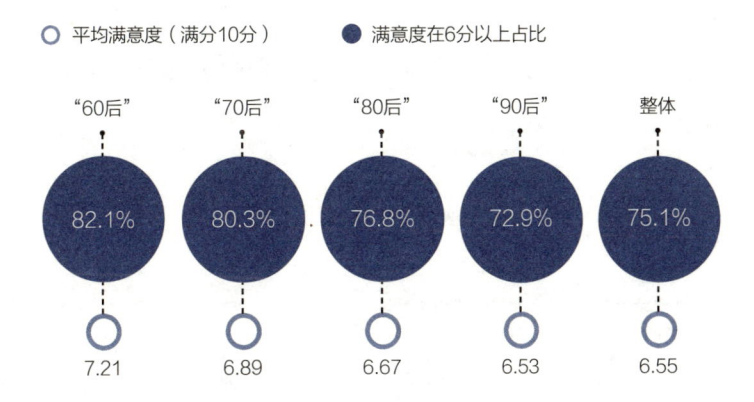

	"60后"	"70后"	"80后"	"90后"	整体
满意度在6分以上占比	82.1%	80.3%	76.8%	72.9%	75.1%
平均满意度（满分10分）	7.21	6.89	6.67	6.53	6.55

图 4-1 不同年龄段新中产对职业的满意度

其次，从不同城市级别来看新中产职业的满意度情况。结果显示，**新一线和二线城市新中产的职业满意度最高**，一线城市的满意度略低于新一线和二线城市，而三、四线城市新中产的职业满意度大幅度低于一、二线城市，这跟三、四线城市的职业发展前景低有一定关系。

小露大学毕业后，在广州工作了5年，2019年回到了自己的家乡——荆州。刚开始，她在一家小公司做售后主管，每个月到手有5000多元，这在荆州这个四线城市绝对算是高收入了，但离她期望的薪资水平还是很远。后来她离职了，陆续谈了几家公司，但都没有太大的发展前景，待遇也不满意。她说，在这个城市，她没有太好的职业选择，好像除了考公务员，没有更适合自己的工作，可谓是应了那句"大城市安不下肉身，小城市留不下灵魂"。

在对工作满意度的细分项调查中，"部门同事关系"是得分最高的一项——不管是哪个年龄段的新中产，都是如此。在"上级关系"上，"70后""80后""90后"达成了一致；"60后"则对这一项的满意度稍低，或许是因为"60后"要么没有上级，要么接近退休，对上级不那么在意。

对"晋升机会"满意度最低这一点,同样在跨年龄群体中达成一致。满意度倒数第二低的,是"工作约束",这在"70后""80后""90后"中达成一致,"60后"对这一项的满意度略高一些(见图4-2)。

"60后"	"70后"	"80后"	"90后"
部门同事关系 3.90	部门同事关系 3.75	部门同事关系 3.76	部门同事关系 3.90
工作压力 3.79	上级关系 3.66	上级关系 3.66	上级关系 3.82
工作自主权 3.65	工作自主权 3.60	工作自主权 3.52	工作压力 3.44
上级关系 3.64	工作压力 3.52	工作压力 3.39	工作自主权 3.41
自我价值实现 3.63	部门间合作 3.39	部门间合作 3.32	部门间合作 3.32
部门间合作 3.55	薪酬 3.31	自我价值实现 3.17	发展前景 3.24
薪酬 3.35	自我价值实现 3.27	薪酬 3.15	自我价值实现 3.19
工作约束 3.26	发展前景 3.03	发展前景 3.11	薪酬 3.12
发展前景 3.03	工作约束 2.99	工作约束 2.94	工作约束 2.93
晋升机会 2.48	晋升机会 2.70	晋升机会 2.89	晋升机会 2.92

图4-2 新中产对工作各方面的满意度情况(满分5分)

在深圳一家《财富》杂志世界"500强"企业工作的资深HR(人力资源)洪山说,他深深地感受到,对待"70后""80后"的那套方法,对"90后"一点用都没有。比如,给员工画大饼:上司总会口头承诺

"你只要干得好，薪水将来肯定会翻倍""干一年或者两年就有晋升机会""等公司项目盈利了，年终会给你分多少钱"……这些口头诱惑，对"70后""80后"新中产来说吸引力可能更大，他们兢兢业业工作，为的是有朝一日将这张"大饼"吃到嘴里。而对于"90后"新中产来说，他们更注重当下，认为没有到手的东西永远不属于自己。

对"部门同事关系"和"晋升机会"这一头一尾的两项共识，基本体现了新中产对工作的态度：同事之间没有那么多钩心斗角——当然也不可能完全没有，对上级也没什么太大的意见，职场人际关系都挺和谐的。按满分10分来算，**新中产的职业满意度整体上并不低，3/4的新中产对工作是满意的。**

除了以上这些职业上令人满意或稍不满意的方面，吴晓波频道的调查结果还显示，**最容易让新中产在工作中"心态爆炸"的，往往是烦琐小事。**

比起KPI（关键绩效指标）完不成，新中产更容易为一些工作上的小事感到苦恼。在"工作时，哪些问题常让你感到烦恼"这一问题中，排名首位的不是KPI也不是加班，而是工作中的审批和报销流程烦琐，其次是开会太多且耗时太长，再次则是工作被打断。

这是很有趣的一点，因为这些困扰都指向协作。所以与其说新中产的烦恼来自这些具体的事项，**不如说是来自工作中最末端的、不在自己掌控中的细节。**一旦出现预期以外的情况，比如反复的申请流程、冗长的会议、不停地被打断的工作，自己就会非常被动。如果不能按照自己的计划来工作，新中产就会认为公司制度没有为员工做好后盾——对员工的支持较弱，不能让自己在一线全力工作，反而需要时时担心后方。

尽管晋升难，约束多，但新中产的工作敬业度是非常不错的。在吴晓波频道对新中产工作敬业度的调查中，"极致""主动""自豪感"是反映他们敬业度的关键词。相比"60后"和"70后"，"90后"较少认为"很少考虑跳槽"是敬业度的体现方式，他们的敬业度更多地体现在对工作本身的"忠诚"，而非对企业的"忠诚"。

综合工作满意度和敬业度，"70后""80后""90后"新中产年龄横跨几十岁，但职业观在整体上并无颠覆性的变化。

激辩"996"：是过程，不是目的

2019年4月11日，马云在阿里内部交流活动上表示："今天中国BAT（百度、阿里、腾讯）这些公司能够'996'[①]，我认为是我们这些人修来的福报……不要说'996'了，到今天为止，我肯定是'12×12'[②]以上的。"

这番话引发网友激烈讨论，反对和批评声不绝于耳。

2019年4月12日，马云通过新浪微博做出解释："任何公司不应该，也不能强制员工'996'；阿里巴巴从来也都提倡认真生活、快乐工作！但是年轻人自己要明白，幸福是奋斗出来的！不为'996'辩护，但向奋斗者致敬！"

2019年4月14日，马云再发微博解释自己的观点，他认为，关于"996对不对"，法律自有规定，但这个问题并不是关键，关键是人们有没有认真思考人生的意义和奋斗的方向。

然而在马云的微博下，大多数人并不赞同他的观点。特别是现在的

[①] "996"是指这样一种工作制：每天早上9点前到岗，一直工作到晚上9点以后，每周工作6天甚至以上。

[②] 这里应该是指一年12个月，每天工作12小时以上。

"90后",他们的思想普遍比较开放,不愿意接受职场的"996"工作制,他们很清楚自己想要的是什么,并愿为此付诸行动。

晓锋是一个1993年出生的软件开发工程师,在一家企业已经做了3年,并且做得不错,得到了领导的肯定。2019年下半年,公司正准备升他为部门负责人时,他却毅然决然地提出离职。公司经理再三挽留,问他是什么原因,晓锋表示:"我不太喜欢企业这样的工作环境!对我来说太累了!"

公司经理心想,这不是互联网公司的常态吗?晓锋说:"我不想过'996'的日子,我想在家自己做软件开发,过细水长流的日子。"

话说到这份上,公司只好放弃,同时也不得不佩服现在的"90后"真的有想法而且敢行动,知道自己想要的是什么。

那么,对"996",新中产有着怎样的观点呢?

吴晓波频道为了客观地弄清新中产对"996"的看法,从年龄、城市等角度,就新中产对"996"的看法等方面进行了调查统计。

"不同年龄段新中产每周工作时长"的调查数据显示,**新中产每周工作时长是44个小时,其中有40%的新中产每周工作超过50个小时**。这个数字随着年龄而变化,年龄越小,每周工作时间越长。"90后"的周平均工作时间是45.88个小时,其中50.2%的"90后"新中产工作时间超过50个小时,高出平均时长10个百分点(见图4-3)。

"不同城市级别新中产的工作时长"的调查数据显示,**和职业满意度类似,三、四线城市新中产的工作时长也显著低于一、二线城市**。在三、四线城市,轻松的工作并没有带来满意度的提升,因为职业发展前景较差,导致更低的工作满意度。

不同年龄段新中产每周工作时长

- 每周平均工作时间（小时）
- 超过50个小时的占比（%）

- "60后" 40.31 — 22.8
- "70后" 42.46
- "80后" 44.70
- "90后" 45.88
- 整体 43.57

不同城市级别新中产的工作时长

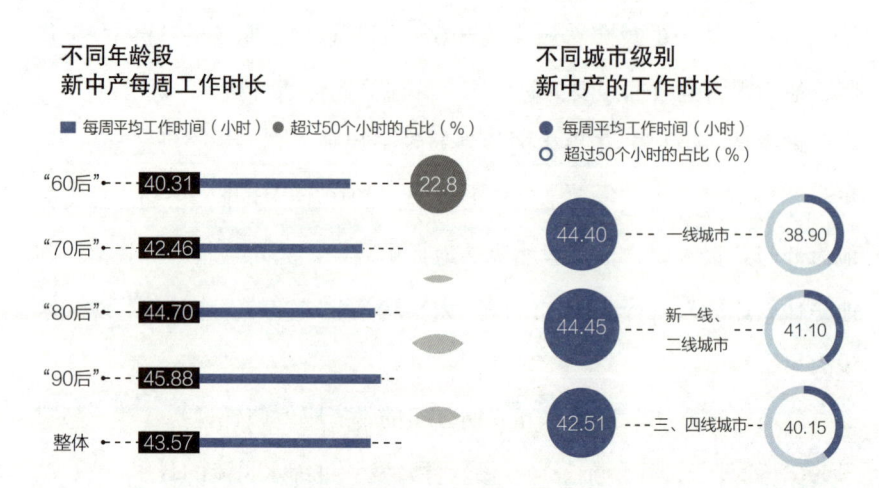

- 每周平均工作时间（小时）
- 超过50个小时的占比（%）

- 一线城市 44.40 — 38.90
- 新一线、二线城市 44.45 — 41.10
- 三、四线城市 42.51 — 40.15

图 4-3　吴晓波频道对"不同年龄段新中产每周工作时长"和"不同城市级别新中产的工作时长"的调查结果

从"新中产对'996'的看法"的调查中可以看出，大部分新中产对"996"的态度是理性的支持，认为"年轻的时候忙一点也可以""工资给够的话加班多也没关系"。显然，**在新中产眼中，"996"是一种过程而非目的，是为更长久的职业竞争力做积累，或是为了交换更多的职业收入。**

在不同年龄段，年长者倾向于认为年轻的时候还有时间，不必在意一城一池的得失（工作忙一点也可以）。或许与阅历有关，年轻人（"90后"）则更少喝这一碗"鸡汤"，他们更看重辛劳工作有明确的回报（工资给够）。

31岁的Elfer曾是一所"985"大学的研究生，毕业后一直在一家IT外企担任工程师，工作收入挺不错，虽然涨幅不算快，但总体也令人满意。外企工作的优势在于节奏慢，压力不大，上下班准点。但是2019年一整年，Elfer都在考虑自己未来的人生道路，到了年底，他心一横，把工作辞掉了。他说不能一辈子这样舒舒服服地过，现在技术迭代、行业变化很快，工作长期处在舒适状态，长远来看不是好事。

从这家外企离职后，他打算给自己放一年假。他有一些自己的爱好，养活自己完全不成问题，甚至收入比工作时还要高。他认为，不必为工作拼命，但是要找一份对自己负责的工作。只要这份工作是自己认可的，不管"996"也好，"007"也罢，他都是可以接受的。

事实上，职业价值观是自己对职业生涯的一种内心尺度。职业价值观直接决定了你在选择某一个职业时，会认为哪些因素是重要的，哪些是不重要的。很多时候，我们都要在得失之间做出选择，比如是要轻松舒适的工作，还是要高标准的高薪；是想要打拼自己的事业，还是要安稳简单的"朝九晚六"。这也很好地诠释了新中产对待"996"的态度——"996"是过程，而不是目的。

职业竞争力与规划：重视领导力，希望职业转型

2019年，吴晓波频道联合智联招聘，就"工作中，你希望哪些能力或技能自己5年前就拥有"进行了调查统计。结果显示，领导力、对行业发展趋势的了解和时间管理的能力，是新中产最希望自己5年前就可以拥有的能力。

53.1%的新中产认为，领导力非常重要，无论哪个年龄段的新中产都认为，"成为领导"是一个重要的职业发展目标；所谓"对行业发展趋势的了解"，是新中产希望自己能够在时代发展的洪流中做出正确的职业选择；"时间都去哪儿了"，既是一首歌，也是各年龄阶段都会产生的疑惑，所以有51.6%的新中产认为时间管理能力非常重要（见图4-4）。

2019年12月,中国青年报社会调查中心联合问卷网,对2076名受访者进行一项调查。结果显示,59.5%的受访者认为自己的时间管理能力较强;36.1%的受访者坦言较差;77.2%的受访者感叹计划还没怎么执行,时间就过去了;85.0%的受访者认为,提高时间管理能力会让人受益良多。

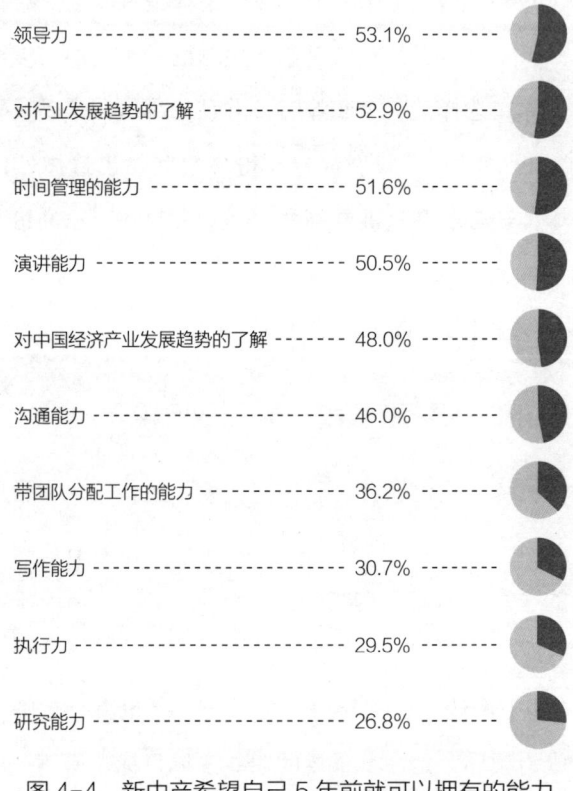

领导力 — 53.1%
对行业发展趋势的了解 — 52.9%
时间管理的能力 — 51.6%
演讲能力 — 50.5%
对中国经济产业发展趋势的了解 — 48.0%
沟通能力 — 46.0%
带团队分配工作的能力 — 36.2%
写作能力 — 30.7%
执行力 — 29.5%
研究能力 — 26.8%

图 4-4 新中产希望自己 5 年前就可以拥有的能力

在高速发展的互联网社会里,时间是不亚于财力、物力和人力的宝贵资源,每一个人的时间都不该被轻易地浪费掉。在系统化分工的社会里,倘若每一个人都能充分利用好自己的时间,那汇聚起来,必会创造无与伦比的财富。其中，新中产作为时代发展的中坚力量，如果能加强时间管理教育，充分利用时间，社会运转必会更有效率。

2019年，吴晓波频道联合智联招聘，还就"现阶段，你最关心或最希望解决的职业问题是什么"进行了调查统计。结果显示，**职业转型、人脉资源和职业指导，是新中产现阶段最关心的问题**，但每一项的占比并不高——最高的一项仅有38.1%，这意味着新中产对自己的职业规划能力存在一定程度的担心。

曾在"世界500强"企业工作的金玲是一个标准的新中产，她回想自己工作的这10年，不敢说已经很成功，但却敢自豪地说："我没有辜负这10年，我完成了自己的职业规划。"10年前，金玲刚从大学毕业，没有任何优势，唯一的特长就是勤奋和年轻。但在那一年，她自己规划了目标：用3年时间成为高级秘书。为了这个目标，她努力把该修的技能都修了。在这3年里，她还给自己做了新的规划：做一名自由撰稿人。于是接下来的近10年中，她一直在为这个目标努力。她明白，做一名自由撰稿人，最重要的是自律，最大的自由源于自律。经过10年的积累，她用口碑沉淀了一批忠实的客户。2018年，她有了自己的小团队。站在新的起点上，她又给自己规划了一条道路：做一名引领女性成长的KOL（关键意见领袖）。金玲现在所拥有的，都源于10年前对自己的规划和为了完成目标而付出的努力。

你也可以想一想：10年前，你有规划吗，你是什么样的？10年后，你要在哪里，要过什么样的生活？

职业焦虑："欲求不满"的加薪和晋升

当然，新中产在职场中，焦虑也如影随形。

在前述的职场满意度调查里,新中产对工作最满意的方面是"同事关系",而最不满意的地方则是"薪酬""发展前景"和"晋升机会"。

在新中产的办公室里,没有太多人际关系纷争,同事之间和和气气,有的只是得不到满足的财务诉求和并不乐观的未来憧憬。用访谈中一位新中产的话来说:"搞办公室政治,大概都是闲的吧!每天忙得像条狗,管好自己就不错了,哪有时间去管别人。"

和满意度匹配的,是新中产的职业焦虑。2019年,脉脉数据研究院针对1085名职场人的问卷调研,从平均薪资、人才年平均跳槽频率这两个客观指标,结合职场人的焦虑度自我主观评价指标,计算得出"职场焦虑排行榜",以综合反映主客观因素带来的职场焦虑程度(见图4-5)。

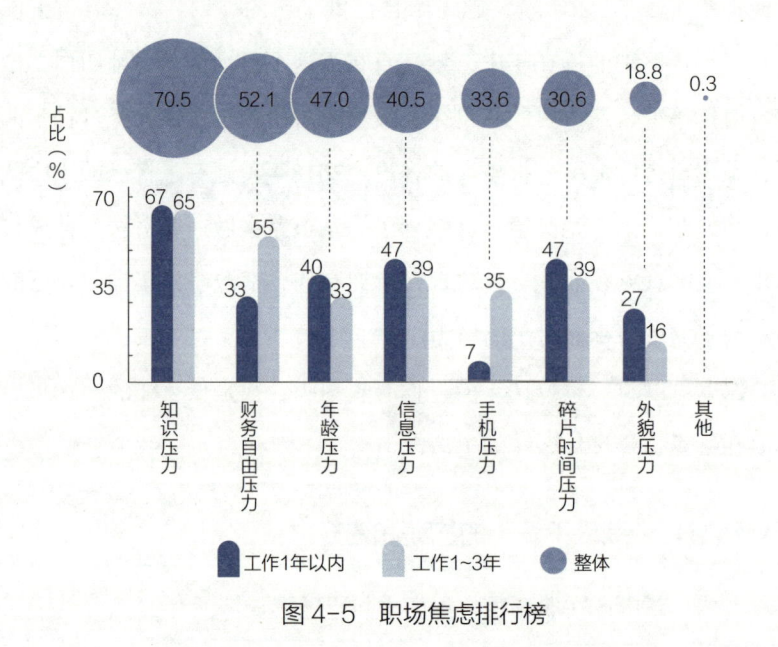

图 4-5 职场焦虑排行榜

数据显示，新中产的职业焦虑主要有三大来源：

首先，最大的焦虑来自知识结构。世界变得太快，前两年还适用的知识，或许今年就不适用了。因此，新中产必须时刻学习以保证自己不被淘汰。

其次是财务压力。缺少财务自由的直接后果，就是缺少了时间的自由，因为新中产必须不断地工作以维持生活水平。

最后则是年龄的压力。30岁以上的"80后"新中产，看着20岁出头，更有野心也更有能力的"90后"甚至"95后"坐在自己的身边，免不了担心。因为他们知道，其他的条件可以通过自己的努力改变，而时间则一去不返。

知识、财务与年龄，是当今职场人的三大焦虑来源。年轻人一边嘲讽中年人，一边担心自己变老。而知识、财务和年龄在职场压力方面最直观的体现，则是新中产"在某一个时刻，觉得有机会重新再来一次就好了"。

35岁的力峰是深圳一家外资公司的软件工程师，他从某"985"大学研究生毕业后就一直在这家企业工作。在他毕业找工作的时候，他的"东家"给的工资，是他拿到的所有Offer（录用通知）里最高的，税前接近2万元的工资可以让他活得体体面面。在外企工作，最大的问题就是工资涨得太慢，因为工资涨幅是受外国总部管理的，力峰每年的涨幅大概是5%，从毕业到现在，加起来的涨幅可能还没有当年选择去互联网公司工作的同学一年时间里涨得多。刚毕业时，他的工资要比其他同学高不少，不过几年涨下来，他早就不知道被抛到哪里去了。

现在力峰到了结婚生子的年龄，受疫情影响，公司效益不好，这些压力让他开始焦虑。每当夜深人静的时候，他会在心里问自己：如果有再来一次的机会，是不是还会选择现在的工作？他的回答是：很想重来一次，或许自己的人生会更完美。

或许这是绝大多数新中产焦虑的表现形式：**半夜醒来，突然想要重来一次。**

新中产在成长路上缺少引导自己前进的"导师"，因而常有走错路之虞。他们觉得，如果可以重来，自己的人生会变得更好。

其实，无论人生是否能够重来，对我们都没有太大的意义。那不过是一种心理慰藉，缓和疼痛，我们终究要在现实生活里找到自己的位置。

因为时光不可逆，人生最大的魅力，就是未来的不确定性。

职业结构：
不同的时代，不同的职业选择

彼得·德鲁克在1959年提出了"知识工作者"的概念。在之后的几十年中，美国和西欧所有发达国家的企业、高校和研究机构不断地增加研究投入，它们的技术专利数量不断增长，产业在价值链上游的研发、设计和下游的营销之间转移，文化产业蓬勃发展，科学家、工程师、策划人员、文艺工作者等创意型或知识型工作（以下统称"创意型工作"）的从业者大幅度增加。

中国新中产人群规模化的同时，类似的事情也正在发生。

中国城市的经济形态，正在快速地从过去以大公司金字塔科层制为核心的体系，转变为以人为核心的体系。这并非说明大公司式微，小型企业和自由职业者将成为经济的中坚力量。事实上，如我们所看到的，不论是"世界500强"还是"中国500强",企业总量的规模仍然在不断地扩大,在未来也同样会如此。所不同的是,不论是大型企业还是小型企业或是自由职业,"人",或者说只有"人"才能生产出来的"创意",成为最重要的资源要素。

现在,在中国经济发展、产业转型、人口结构变化及互联网发展的催化下,创意阶层和新专业主义[①]在中国爆发式崛起——他们就是中国新中产。

为什么创意阶层大多是新中产呢?

这是因为新中产群体中,61.5%(高层、中层、创业者和自由职业者)的人的工作涉及明确的管理技能,而其余38.5%的基层员工中,有相当比例的人从事互联网、传媒和策划等职业,同样需要频繁用到自我管理技能。

六至八成的新中产需要用到管理中的计划、组织、领导和控制等基本职能,大部分从事的是需要创造力的知识型工作。这意味着,新中产阶层和创意阶层两者虽然不完全重合,但同构性很高,**新中产的大部分是创意型工作者,创意型工作者的大部分也是新中产**。下面,我们一起来了解一下作为创意型工作者的新中产有哪些职业结构。

行业分布:IT/互联网是分布最多的行业

互联网经济的发展,不仅改变了商业模式,也改变了人们对职业的传统认知。除了企业自身吸纳专业人才满足创新需要,互联网经济还产生了较强的"滚雪球效应",互联网平台上孵化的创新项目,正在与传

---

❶ 新专业主义是指技能多元化、个性化和流动化。

统产业融合，迸发新的活力。以电商平台为例，其内生的生态体系就衍生了用户体验师、人工智能（AI）应用设计师、数据分析师等新兴职业，同时也为年轻人提供了多样化和个性化的职业选择。

吴晓波频道对"新中产从事的行业情况"进行了统计调查。结果显示，在新中产就业人数最多的前八大行业中，至少有6个行业与创意工作密切相关——IT及互联网行业，金融行业，政府部门和事业单位，商贸流通行业，咨询、法律、教育培训行业，医药食品行业。而这其中，排在第一位的就是IT及互联网行业，占比15.4%（见图4-6）。

互联网经济平台化、去组织化的发展趋势，产生了工作内容碎片化、工作方式弹性化、创业机会互联网化等新特点，不仅催生了一些新职业、新机会，还提升了新中产的职业满意度。比如，许多拥有正式工作的专业人才，会利用闲暇时间，在零工经济平台上为他人提供专业服务，从而获取报酬。人们的工作时间越来越自由，工作和职业的边界也变得越来越模糊。

一名从业8年的前端"码农"这样说："互联网行业，尤其是程序员，依然是这个时代贫寒学子晋级中产的最大概率出路。"活在趋势里，比蒙眼狂奔更重要。拥抱互联网，可能是每个普通人在这个时代"逆袭"的最好一张底牌。

新中产之所以热衷于选择IT及互联网行业，最大的原因在于薪资。猎聘网发布的《2019全国互联网行业程序员就业大数据报告》显示，全国互联网行业程序员平均月薪18 153元，高于全国全行业中高端人才平均月薪17 153元。作为互联网行业的技术核心人员，程序员的工作门槛较高，劳动强度也大，因而相应的薪资也较高。

很多新中产选择从事IT及互联网行业，除了薪酬可观，更因为这行

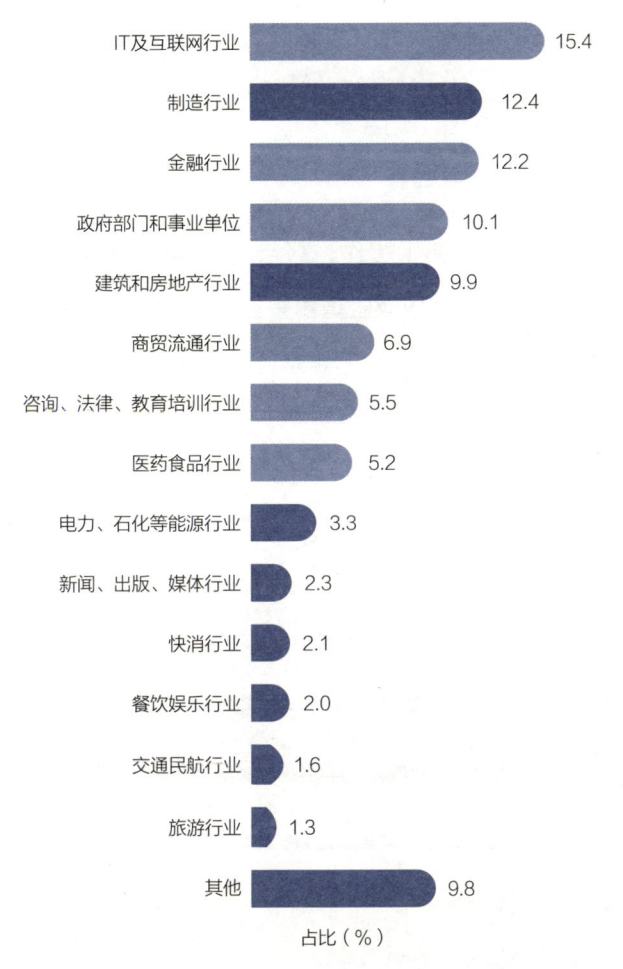

行业	占比(%)
IT及互联网行业	15.4
制造行业	12.4
金融行业	12.2
政府部门和事业单位	10.1
建筑和房地产行业	9.9
商贸流通行业	6.9
咨询、法律、教育培训行业	5.5
医药食品行业	5.2
电力、石化等能源行业	3.3
新闻、出版、媒体行业	2.3
快消行业	2.1
餐饮娱乐行业	2.0
交通民航行业	1.6
旅游行业	1.3
其他	9.8

图 4-6 新中产从事的行业情况

充满了变化、挑战和活力，对技术的驾驭很容易让人在工作中获得成就感。而具有多年经验的技术大牛，是各大IT及互联网公司的绝对骨干。值得一提的是，相对于传统行业，IT及互联网行业的公司里，一般少有办公室政治或钩心斗角，上下级关系也算融洽，大家都比较平等，工作环境也不错。这些都是促成新中产选择这一行业的重要原因。

需要认识到的是，互联网经济催生了一些新职业，带来了新机遇，自然也会造成新问题，这需要用足够的耐心与智慧去克服和引导。

岗位级别：中层管理者居多

入职第13个月时，换了工作，薪水上调40%——这是1990年出生的新中产程露的经历。她毕业于国内一所著名大学，在一家"世界500强"企业开始了职业生涯。她能感觉到周围同龄人的晋升速度变快，"同一职级里的人越来越年轻"。

吴晓波频道对"新中产所处的岗位级别"进行了统计，结果显示，**新中产主要分布在中层管理者、小团队领导和基层员工3个层级**（见图4-7）。

岗位级别	占比（%）
高层管理者	12.5
中层管理者	28.9
小团队领导	21.3
基层员工	25.7
创业者	5.6
自由职业者	2.5
个体户	2.2
其他	1.3

图4-7 新中产所处的岗位级别

2018年，全球职场社交网站领英基于大数据发布了《中国千禧一代①商业决策者洞察》。这份报告显示，从职场新人到总监级别的升职过程，"60后""70后"平均需要10年，"80后"需要6年，而"90后"则只需要4年，实现了更快的职场晋升。与此同时，千禧一代决策者的平均跳槽周期约为2.5年，也在加快。

"非常优秀的人会很容易拿到更高的职级。有人说我们'70后'从来不跳槽，我也正好符合这个规律。今年是我工作的第23年，我是工作到第19年的时候才跳槽的。""70后"新中产周强说。

"可能是现在的创业公司增加，名片上的头衔印得比较高。"供职于国内一家互联网公司的郑伟表示，创业公司的增加提高了"90后"晋升的平均速度，"创业者增加了，创业公司当然也越来越多，而且创业的主力应该是'80后''90后'，他们雇的中层也是差不多的年纪。"

《中国千禧一代商业决策者洞察》中的数据显示，在CEO（首席执行官）、CFO（首席财务官）等各种"CXO"中，人数占比最高的是"90后"。相较于多聚集在制造、高科技和快消行业的"60后""70后"商业决策者，千禧一代决策者多聚集在金融、非营利性和医药行业，具体岗位包括行政、艺术和设计、市场营销、创业、社区和社区服务类。在商业决策者的公司规模分布上，相较于前人的"大公司情结"，"90后"商业决策者更加趋向200人以下的中小企业。

不过，另一些新中产认为，自身感受与大数据透露的信息并不同步。"我没感受到。"在职场打拼4年的盛莲反问，"升职速度加快，谁说的？"

---

❶ 千禧一代（Millennials），也称为"Y"一代，是指出生于20世纪，在跨入21世纪（即2000年）以后达到成年年龄的一代人。

2018年进入一家事业单位工作的覃星也表示，按自己的职业性质，晋升表现在职称上，而这依赖于"发论文，做项目，熬年头"。"单位里的前辈介绍，从入职到评上中级职称，大概需要10年吧。"覃星说。她觉得这种评价体系非常稳定，短时间内应该不会有什么变化。

2015年，王紫薇本科毕业，进入一家企业做人力资源管理。"公司说要打破职级考核，但是还没有落实，所以晋升暂停一年多了……"采访中，她连续用3个"没有"强调自己并没感受到新中层晋升速度加快。

职业选择：不同的时代，不同的选择

"那是最美好的时代，那是最糟糕的时代。"这句话来自狄更斯的《双城记》。它就像是在形容我们所处的时代——我们面前拥有一切，我们面前没有一切。

网上有一个关于"70后""80后""90后"职场观的有趣段子："70后"是加班狂，"80后"拒绝加班，"90后"拒绝上班；"70后"靠存款，"80后"靠负债，"90后"靠老爸；"70后"吃饭愿坐在老板身边，"80后"不愿坐老板身边，"90后"认为自己是老板。这个段子形象地反映了3代职场人不同的职场观念。

不同年龄段新中产之间的职业结构对比，反映出新中产内部构成明晰的时代特征：

"60后"——跟随体制。政府部门和事业单位是"60后"最主要的就业单位。

"70后"——中国制造的红利。制造业是"70后"新中产分布最多的行业。

"80后"——金融崛起。银行、证券、保险等金融行业是"80后"

新中产分布最多的行业。

"90后"——金融和互联网双驱动。银行、证券、保险等金融行业和互联网行业的"90后"新中产占比不相上下，均占15%以上。

"60后"新中产在经历"文化大革命"结束并饱餐国外大师名著后，结束了他们的青春年代，这些人多数成为第二代企业家或企业组织中的各级管理者及中坚力量；"70后"新中产大多平淡地经历了读书到工作的过程，成为企业的一员，目前大多数已经在重要的管理岗位上；"80后"和"90后"新中产却正以一种新的姿态登上职业舞台，被年长者称为"新新人类"。

仅用年代的标签来给他们归类，未免太过片面。这4代新中产各有优势，大多数都是积极向上的。

时代的不同，决定了不同年龄的新中产的选择。那些历史上的伟人之所以能达到他们的成就，除了能力突出，更是因为他们生存在他们所在的时代。

就业城市：集中于一线城市

除了行业分布、岗位级别和职业选择，吴晓波频道就"不同城市级别新中产所在的机构"也进行了调查统计。

结合城市和年龄看，会发现有趣的一点：**一线城市的新中产职业结构和"90后"新中产职业结构分布相似，新一线和二线城市的职业结构和"80后"同构，三、四线城市的则和"70后"同构。**

这与我们在第三章"财富篇"中得出的现象相互印证：从直观上来看，在一线城市，成为新中产的难度低于新一线和二线城市，人们也有机会更早成为新中产。一线城市新中产的年龄门槛低于新一线和二线城市；同理，新一线和二线城市的年龄门槛也低于三、四线城市。

这也就是说：**同样是基层白领员工，他们在一、二线城市成为新中产的可能性要高于在三、四线城市。**

对于新中产来说，一座城市是否能留住他们，最关键的是两个因素：收入与房价。大城市收入高，机会多，房价也高，生活成本不菲。鱼与熊掌，似乎不可兼得。

恒大研究院和"智联招聘"联合推出的"中国城市人才吸引力排名"报告显示，上海连续3年成为最具人才吸引力的城市；中国最具人才吸引力城市"100强"中，沪、深、京居前三；人才流动趋势：长三角、珠三角人才集聚，京津冀人才流出，深、广、杭、宁、渝、汉人才净流入占比逐渐上升。

尽管北上广深的房价高得吓人，但对于很多年轻的新中产而言，那里是他们就业的首选。其中原因，除了这几座城市几乎囊括了中国所有的"世界500强"企业，更重要的是，那里的起薪比较高，挖到人生第一桶金的机会比较多。

这种现象当然也可以有另一个角度的解释：**并不是在一线城市更容易成为新中产，而是新中产这样的人群（就财富、职业、消费等方面而言）更集中于一线城市。**

新中产的出现过程＝职业结构调整的过程

基于以上对新中产职业结构的分析，我们可以将中国新中产出现的过程，视为随着经济发展、产业结构调整而来的职业结构调整的过程。这也意味着：**新中产的出现过程等于职业结构调整的过程。在职业结构调整的背后，是产业结构和就业人口结构的变化。**

首先，是产业结构带来的职业结构调整。中国产业结构发展带来的职业结构调整可以分为4个阶段。

第一阶段：1998~1999年

中国商品房市场开放，北京、上海、深圳的住宅均价在之后数年逐步进入万元级别，甚至在2008年后达到2万元/平方米，一线城市人口的家庭财富也得到了可观的积累。

第二阶段：2000年

中国三大城市北京、上海、广州的第三产业产值占比分别达到65.1%、50.2%和49.8%。除了北京这一特例，沪广两市的第三产业产值均在50%的关口。中国加入世贸组织，进一步开放外企在华投资，外企白领及外贸企业白领等就业岗位规模迅速增加。

第三阶段2001~2010年

中国一线城市和部分沿海城市新中产人口达到数千万级。这其中也包括收入逐步增加的政府公务员、高级知识分子等，但相对而言，更大的构成是新出现的一线城市白领群体。

2001年，《新周刊》杂志刊发了一篇名为《忽然中产》的封面文章，"中产"一词首次在中国成为大众话题。当时以外企白领为原型提出的中产生活方式，时至今日仍然在很多人眼中被视为新中产的定义。

第三阶段2011年~至今

2010年左右，中国互联网飞速发展，一批新兴行业随之诞生。新中产的职业选择变得越来越丰富，他们可以通过各种方式积累财富——可以是电商商家、自由职业者，还可以是"网红"主播、电竞选手。新中产人群的职业变得更加多元化。

就业人口结构的变化，也带来职业结构的调整。最能体现就业人口结构变化的是每年大学专/本科毕业生人数的变化。下面是吴晓波频道整理的1998～2017年大学专/本科毕业生人数的统计和分析。

1998～2007年，中国普通大学专/本科毕业生人数累计为2059万人，四大一线城市足以装下其中的大部分。而在2008～2017年的10年间，大学毕业生累计为6270万人，一线城市已经不足以成为他们就业的主要市场——新一线和二线城市逐渐取而代之。

2008年，中国人均GDP（国内生产总值）达到3000美元，跨越"中等收入陷阱"成为舆论的新命题。跨越"中等收入陷阱"的本质，在于中产规模的崛起，这是中国经济和产业转型升级的侧面。2005年之后，城镇新增就业人口中，甚至有一半来自大学毕业生。2013～2017年，大学毕业生在城镇新增就业人口中的占比如图4-8所示。

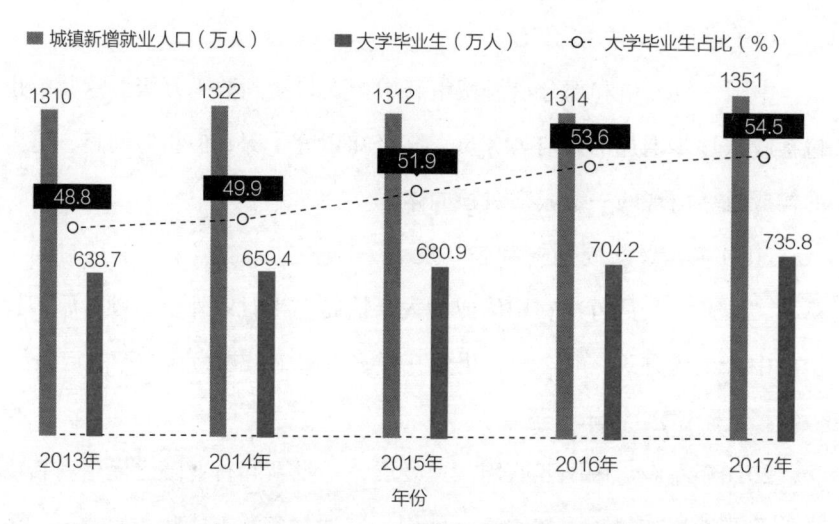

年份	城镇新增就业人口（万人）	大学毕业生（万人）	大学毕业生占比（%）
2013年	1310	638.7	48.8
2014年	1322	659.4	49.9
2015年	1312	680.9	51.9
2016年	1314	704.2	53.6
2017年	1351	735.8	54.5

图 4-8　大学毕业生在城镇新增就业人口中的占比
（数据来源：历年国民经济和社会发展统计公报）

同一时期，准确而言是2012年之后，省会、新一线和强二线城市的第三产业增加值占比，开始成批地超过50%。

南京、济南、太原、呼和浩特、哈尔滨、海口、贵阳、拉萨、乌鲁木齐等城市，2012年之前第三产业增加值占比已经超过50%。这些城市有一些明显的特质：大多属于经济相对落后的省份，经济体量与人口规模不大，第三产业集中在省会，第三产业增加值占比早早超过50%。仅南京、济南是两个例外，它们位于东部沿海省份，经济实力强，且产业结构转型较早。在经济体量相对更大的省会或强二线城市中，第三产业值比重则在2012年之后开始突破50%。

省会、新一线和强二线城市的新中产崛起，首要原因也是最重要的原因是，这些城市的第三产业——其中占比相当大的是高附加值的现代服务业，为接受了高等教育的新中产提供了就业岗位。

另一个促进新中产成规模出现的原因，是2014年第4季度开始的新一轮房价上涨周期中，这些省会、新一线和强二线城市的房价实现了翻倍。这使得这些城市中30岁或30岁以上的新中产群体的家庭财富得到了大幅度的增长。

大学生就业红利、产业结构中第三产业的就业岗位及其带来的中高职业收入、房价上涨带来的家庭财富增值，再加上大城市基础设施（高铁、地铁、商业综合体、互联网应用、电子支付等）的完善、消费业态的升级，共同促生了以亿计的新中产在省会、新一线和强二线城市出现。

这一"创造"新中产的逻辑在2000年的一线城市、2010年的新一线和二线城市重复出现。各城市历年国民经济和社会发展统计公报的数据显示，2015年，全国第三产业增加值达到50.5%，首次超过50%；而中国城镇新增就业人口中，大学毕业生的数量同样在这一年首次超过50%。

2018年，中国的城市化率达到59%左右，第三产业增加值为52.2%。未来10年，中国城市化和产业转型升级的步伐不会停止，在核心城市圈或具有独特产业竞争力的部分三、四线城市中，新中产的"创造"逻辑有极大的概率会得到再一次复制。

职业新趋势：
想做多元、兴趣主义的斜杠青年

你有10年人生规划吗？10年以后的你会是什么样？10年之后你想过上什么样的生活？是财务自由、开着车四处旅游，还是坐着飞机满世界飞？是成为一位知名作家、某方面的专家，还是一位了不起的设计师？

吴晓波频道在2019年对"新中产10年以后的工作状态"进行了调查统计。结果显示，对自己10年后的规划，24.4%的人认为自己还会留在现在的单位；40%以上的新中产计划在日后从目前工作的机构中脱离，创业或从事自由职业（见图4-9）。

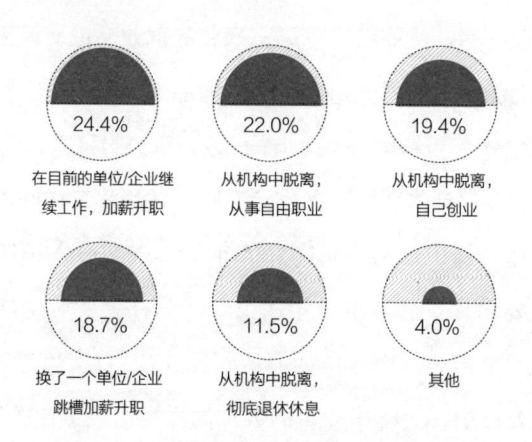

24.4%	22.0%	19.4%
在目前的单位/企业继续工作，加薪升职	从机构中脱离，从事自由职业	从机构中脱离，自己创业
18.7%	11.5%	4.0%
换了一个单位/企业跳槽加薪升职	从机构中脱离，彻底退休休息	其他

图4-9　新中产对10年后工作状态的预估

新中产之所以会有这样的职业规划，与前面说的新中产最大的两项不满意（晋升机会和工作约束）相对应。

创业或是自由职业，在新中产眼中等同于减少工作中的协作损耗，让自己更专注在专业事务上，更有利于聚焦追求工作质量的极致，也与新中产最烦心的琐事（烦琐的流程和过多的会议）正相对。

这恰恰也代表了新中产的另一种工作观：**工作本身即是生活，工作不是手段——主要指谋生手段，而是一种目的——实现自我价值。**"我的工作成果，就代表了我的工作意义"，与之无关的部分，是可以被放弃的。

这种主观认知是否完全等同于客观现实，是值得进一步讨论的，但这一趋势是确切无疑的。下面，我们来一起讨论一下新中产的职业新趋势，进一步了解新中产的工作观。

"斜杠"人生：做程序员里最会写小说的

在传统的生活中，一个人的身份分为两类，即熟人关系中的家庭成员（丈夫/妻子、父亲/母亲、儿子/女儿）、朋友身份，以及陌生人关系中的工作身份（某个公司/单位/机构的一员）。

但是，越来越多的**年轻新中产不再满足于"单一职业/身份"这种无聊的生活方式，而是选择能够拥有多重职业和身份的多元生活方式，这种生活方式被称为"斜杠"**。他们的名片上用斜杠，例如"张三，摄影师/自媒体人/编剧"，来区分不同的职业、技能或社会身份。

名片上的斜杠，意味着你有更多的社会阅历、技能和人脉。"斜杠青年"经常会这么调侃自己："我是程序员里最会写小说的，摄影师里最懂经济的，金融圈里最会讲课的。"

在公共领域，一个人的"斜杠身份"越多样，则工作在他身份中的重要性就越低，这是因为他拥有随时放弃这份工作的资格。

微博上有一个戳心的热点，原话是：搞事业已经是成年人该有的觉悟了，不管你做什么工作，永远都要有自己的Plan B（B计划）。因为你永远不知道，跟你一起上班的同事，在做的副业是工资的几倍。

既然说到"斜杠"，我们先来了解一下什么是真正的"斜杠"。

2007年，作家麦瑞克·阿尔伯在其著作《双重职业》中写道："越来越多的年轻人不再满足'专一职业'的生活方式，而是选择能够拥有多重职业和身份的多元生活。这就是'斜杠'。"

表面看来，"斜杠"就是让我们在工作之余，做一些自己擅长的事情。甚至，我们可以成为自由职业者，摆脱固定的上班模式，依靠自己的兴趣和特长来支配自己的工作，做自己的"老板"。

这样听起来，"斜杠"的确很美，其间滋生出来的对生活和工作的掌控感和成就感，犹如花园里一朵娇艳欲滴的玫瑰花，让人心动。然而，真正的"斜杠"并不如此美好，它所勾勒出来的蓝图，需要你有强大的多元技能来支撑，它不是简单的身兼数职。

"90后"小露说她在上班的同时，利用业余时间做设计，一个月赚了1万元。于是她在思考要不要把这个经常加班的工作辞掉，找一个轻松的工作，这样就可以有更多的时间做设计了。朋友认为，她就是典型的"斜杠青年"，小露为自己的职业感到自豪。

事实上，小露并不是"斜杠青年"，她就是兼职打零工而已。如果一个人多做几份工作，就能被称为"斜杠青年"，那么小区门口的保安大叔白天做门卫，闲的时候帮人修修东西，晚上还和老婆在路边支摊卖麻辣烫，那他不也是妥妥的"斜杠青年"了吗？

要能称得上"斜杠",要满足3个基本条件:

一是做好一份工作——往往是本职工作,掌握一项专业技能。社会身份、技能可以多元化,但不能"半吊子"化,第二领域开辟的前提是第一领域做得足够出色。

二是做想做的事,而不是赚钱的事。斜杠是"无心插柳柳成荫"的结果,而不是目的。

三是所有的斜杠技能,往往是一套底层技能的多方面呈现。

这也意味着在新中产眼中,"斜杠"的能力来自合理的规划和锻炼。"斜杠青年"要既能展现自己的生活态度,又能展现自己的工作能力。一位新中产拥有自己的"斜杠"人生,则意味着他在两个甚至多个领域投入了大量的时间和精力,实现了专业化所需要的积累。

有的人的"斜杠",只是顾不好本职工作的身兼数职;而有的人"斜杠",是在了解了自我之后,多维度精进成长的结果。

"斜杠青年"为何会出现,并在新中产群体中流行开来?从时代背景看,随着人类进入后工业时代,服务业成为最大的产业,大规模生产让位于个人价值创造,人才成为生产要素中最重要的部分。由于经济组织方式变化,人的创造力也越来越依靠个体的自主和自我驱动状态。时代的变化驱动着社会开放和发展。新中产不再局限于上一辈人强调的稳定,他们的思想更开放,更渴望创新、渴望自由,更加追求自我价值实现。自主、多元、有趣、独立这些特质,让"斜杠青年"在这个不断改革和强调创新的时代,更容易适应新环境。他们表现出了这个时代的新特征,这是值得肯定的社会变化。

这也提醒我们,当下流行的"斜杠青年"现象,一方面折射出现代社会的进步和宽容,另一方面也启示广大有志于成为其中一员的年轻人，要明白根深方能叶茂的道理。年轻人如果以追求更多事业发展为目的，也要看到这背后的重大挑战，避免盲目和浮躁。比如，多问问自己是否擅长时间管理，是否非常自律，是否有决心付出比常人更多的努力等，然后再培养其他的特长。

"斜杠青年"最大的意义在于，他们能够多维度地发展自己。要做到这一点，需要我们在自己的专业领域突出的前提下，再结合其他领域跨界，这是从平庸走向优秀的最佳策略。

博客"学而时嘻之"的博主万维钢曾经说过："你只需要在两个领域达到前20%的水平，就一定能在当今之世占有一席之地。"

小众新兴职业：新中产崛起的外溢作用

和"斜杠"同时出现的，还有奇特而多样的小众新兴职业，包括但不限于食物造型师、服装陪购师、时尚博主、网络主播、电竞解说员、电脑急救师、UI（用户界面）设计师、荐书师、试吃员、密室剧本设计师、侍酒师……

这些新兴职业，相比于传统的职业，都是小众（尚未成规模）但有着高专业要求的职业。为了让大家更直观地了解这些小众新兴职业，吴晓波频道特别从受访群里选取了3个职业——整理师、无人机飞手和酒店医生，进行介绍。

整理师是通过了解用户的居住空间和生活习惯等，帮助用户梳理清楚家里都有哪些物品，以及这些物品放在哪里使用起来会更方便高效；并在这个过程中，鼓励用户学会"断舍离"和收纳整理。

这意味着整理师是过去钟点清洁工的升级，除了改善家里的空间外观，还要能引导用户改变收纳习惯甚至思维习惯，养成健康有序的生活方式。

已经39岁的周涛是一个职业整理师，而她进入这个行业并成为行业里的佼佼者，是由于一个偶然的机会。2014年，周涛无意间看到一本叫作《怦然心动的人生整理魔法》的书，书上说作者近藤麻理惠在日本已经创办了很多类似心动魔法整理学校的整理教学机构，这带给她强烈的触动。她的脑海中"啊哈"了一下，原来，整理也可以成为一个职业细分领域。而且也许，如果她从2014年着手储备经验，将来也可以成为中国整理大师呢。从此，成为像书中作者一样的职业整理师，成了她的目标。

凭着这个前瞻性信念，周涛开始走向以"整理"为关键词的创业之路。通过推进自家整理、空间规划、房间装修、物品分类等，她不断在这个行业中深耕，并取得了相当不错的成绩。

很多人问她，整理师这种职业好像很小众，以后在国内的前景会怎么样呢？

周涛说，整理师这个职业在国外已经发展几十年，目前在中国一、二线城市已经不算新鲜，三、四线城市还有待开发。未来中国社会一定会随着消费升级，从"买买买"的物质拥有阶段，进入追求生活美学的品位提升阶段。整理行业在中国发展前景良好，加入进来的女性创业者会越来越多，未来全国能达到1万名从业者规模。如果希望进入，可以边持观望态度，边像周涛那样储备经验。这样在时机成熟的时候，比较容易获得更精准和优质的机会。

无人机飞手是指无人机的操控员。随着研发技术的逐步成熟和制造成本的大幅降低，无人机的应用领域大幅拓展，市场对飞手的需求也急剧增加。未来，无人机操控员是无人机市场需求量最大的职业类型。

中国航空运输协会通航分会发布的《2019中国民用无人机发展报告》显示，截至2019年年底，获得民用无人机经营许可的企业达7149家，比2018年新增3100家，同比增长76.56%；全行业实名登记无人机共39.2万架，比2018年新增10.7万架，同比增长37.5%；无人机驾驶员执照总数为67 218个，比2018年新增22 645个，同比增长50.8%。据有关研究机构估计，2019年我国民用无人机行业市场规模达210亿元，同比增长56.72%。

从这些数据中，我们可以看到无人机行业的巨大潜力，以及无人机职业飞手这个职业的良好前景。职业飞手必须得到中国航空器拥有者及驾驶员协会颁发的"无人机系统驾驶员合格证"，通过理论和实践两部分考核，熟悉无人机结构及飞行原理，具备独自完成飞行任务的能力。此外还得学习相关行业知识，比如航拍行业的摄像知识、测绘行业的地理知识、生态农业行业的喷灌知识等。

中国的无人机专业自2015年如雨后春笋般建立起来，2018年开始，很多学校第一批无人机专业的学生正式进入社会，活跃于该领域。整体来看，目前无人机领域的从业人员及专业学生还是占少数，但随着更多院校设置这一专业及国家政策的支持，未来几年，无人机领域的从业人员中会出现更多"专业对口"的人员。

国际数据公司（IDC）对"无人机飞手工资情况"的调研结果显示，月薪可达到万元以上的职位有：无人机研发人员、航拍飞手、无人机教员。无人机研发人员工资水平普遍较高；而航拍飞手要想达到月薪万元以上，需要具备丰富的航拍经验，尤其是高级商业航拍经验；无人机教员能够达到万元以上的薪资，大部分是以"基本工资＋提成"的形式实现。

通过IDC的这项调研可以发现，**无人机行业虽然达不到日进斗金的**

"钱"景，但行业整体的薪资水平还是比较可观的。薪资水平和从业年限也有一定的联系，具备更多行业工作经验的人员在薪资上占据一定的优势，正如成都市无人机产业协会会长任斌所说："作为千亿级规模的无人机产业，未来几年我国无人机驾驶员需求量缺口巨大。"

酒店医生的工作内容就是试住国内的单体酒店，为酒店的服务、预订系统、质量管理等项目打分，帮助酒店找出自身经营管理出现的问题，并提出针对性的提升意见。

酒店医生是"试睡员"和"酒店质量检测"两个职业的融合升级版，对从业者的专业性要求非常高。从业者既要有丰富的酒店管理经验，还要有出色的数据分析能力，同时还得熟悉供应链采购、营销推广等。

除了以上3个职业，还有越来越多的小众职业被新中产选择。

孙欣是一位"90后"新中产，她的职业是**侍酒师**。当她成为侍酒师时，这个职业在中国还鲜有人知，但在法语系国家，它早已建立起严格的进阶体系：从学徒做起，经过助理侍酒师、餐厅侍酒师、副首席，最后才能成为首席。

等待，是孙欣早期的工作之一。在混杂着历史感、恒温15℃的地下酒窖里等待，等待消息从上面传来。那瓶1989年的"红颜容"被选中了，它将成为今天晚宴上的主角之一，接受宾客的品味和赞叹。孙欣小心翼翼地将它从柜子上取下来，郑重其事地拭去表面的落灰，内心却抑制不住地激动。

2016年，孙欣从国外学成回国后，一家著名酒店品牌邀请他担任首席侍酒师。那是国内侍酒师行业的爆发期，不少年轻人开始将其作为职业选择。大家对这一新鲜职业表现出空前的热情，积极参加各类侍酒师大赛，企图证明自己。现在看来，那时大家多少有些急功近利了，不像现在——孙欣发现，现在的"95后""00后"想当侍酒师，多数出于纯粹的喜欢。他们不为参赛，也无意与任何人较量，但真要比，他们也不怯场。

这些新职业的兴起，是新中产崛起所带来的典型外溢作用，伴随经济发展、消费观念升级、支付能力提升技术进步、从业者专业性提升而出现。

除此之外，新职业涌现的背后，是更广袤的择业路径，"千人一面"的职业形态已经成为过去式。正如智联招聘执行副总裁李强所说："如果以前的工作机会是'千人一岗'，1000个人可能都在做相同的事，有着相同的职能，未来最大的可能其实叫作'千人千岗'，1000个人可能有1000个完全不同的岗位。"

创业即生活：自我实现大于成就事业

创业和自由职业，是新中产除了"斜杠"和新职业的第三种选择。

有人说，未来中国经济一定是全球经济的领头羊，原因无他——你看看年轻人的眼睛，那里充满了发达的网络世界注重个体表达的结果——强烈的诉说意愿。伴随东西方文化的碰撞交融和人们日益加快的生活节奏，真正的弄潮儿都在热烈拥抱由此带来的种种变化。"大众创业，万众创新"，人们欣喜地看到，移动互联网除了带来生活方式的转变，更改变着人们的思维方式。在这个时代，人人创业，人人营销，人人实现自我价值，人人可以赢得未来。

创业犹如一道洪流，奔涌到许多年轻人尤其是有一定经济基础的新中产面前。当工作只是一种选择，创业俨然跻身新中产的选择之列。在这样一个鼓励创业的时代，是什么理由促使新中产去创业呢？

2019年，吴晓波频道对"新中产选择创业的原因"进行了调查统计。结果显示，**新中产创业的主要原因是自我实现，其次是成就事业**（见图4-10）。

62.1%
有很好的创意，实现自我价值

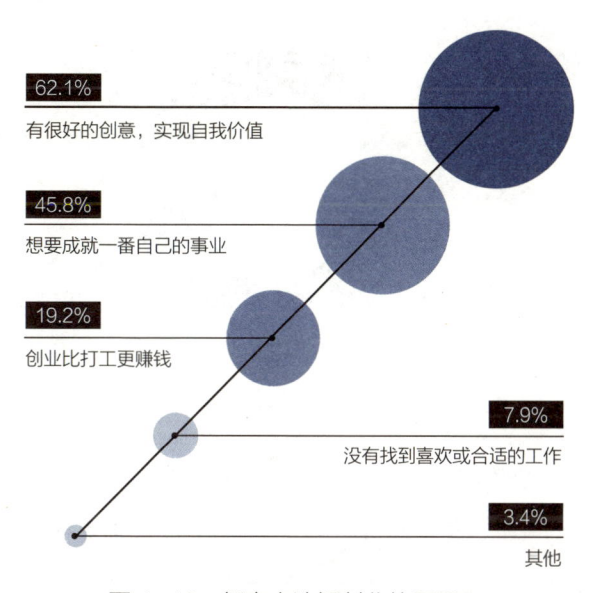

45.8%
想要成就一番自己的事业

19.2%
创业比打工更赚钱

7.9%
没有找到喜欢或合适的工作

3.4%
其他

图 4-10 新中产选择创业的原因

为"自我实现"而创业的新中产，有着自己的标准和想要创造的价值。而他们想要创造的价值，就是他们的创业梦想。通常这种类型的新中产创业者，即使难以得到他人的认可，也不会减少创业动力。

虽然身处"人人创业"时代，但对创业环境的态度，新中产几乎一致。吴晓波频道对"新中产对目前的创业环境的态度"的调查显示，**对目前的创业环境，60.7%的新中产认为不确定性增强，9.5%的新中产持悲观态度**（见图4-11）。

当新中产开始创业，你会发现他们有热情和灵感；但问及内心，大多数新中产认为，创业有很大的风险，有太大不确定性。特别是在现在这个时代，不确定性大大增强。

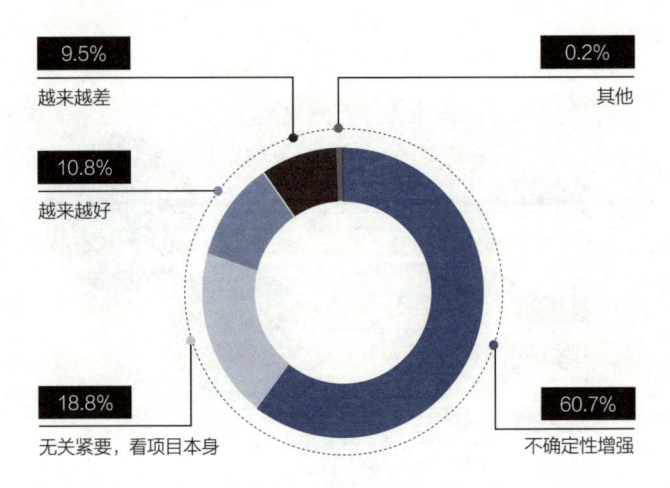

越来越差 9.5%
其他 0.2%
越来越好 10.8%
无关紧要，看项目本身 18.8%
不确定性增强 60.7%

图 4-11 新中产对目前的创业环境的态度

事实上，创业本来就是一个充满了不确定性、很艰辛的过程。宁愿死在自由觅食的荒野，也不愿苟活在鸟笼的安逸中。抱着如此心境，豪情万丈的年轻新中产纷至沓来。但令人万万没有想到的是，这个时代变化太快，比如创业失败的锤子科技、陷入破产危机的熊猫直播、举步维艰的ofo共享单车、大规模裁员的滴滴。这些真实的例子诉说着创业的不易。

不得不承认，中国是一个年轻创业群体非常庞大的国家，同时也是创业失败率非常高的国家。

2019年，人力资源和社会保障部发布的《中国青年创业现状报告》显示，中国青年首次创业平均年龄为24.67岁，20～26岁创业活跃度最高。据美国调研机构CB Insights统计，中国"独角兽"企业的平均孵化周期仅6年，低于全球平均数值7年，但中国大型企业的平均寿命仅为8年，中小企业的平均寿命仅为3年。

王涛2014年开始创业做一个互联网项目，在2015年投资最热的时候拿到了100多万元的天使投资，公司快速扩张到300多人，被媒体追着报道，风光无限；但到了2020年，公司只能卖房维持运营。

对创业获得成功的关键，新中产也有自己的观点。吴晓波频道对"新中产认为的创业成功的关键要素"进行了统计，结果表明，**新中产普遍认为的创业成功关键三要素，是产品、人才和商业模式**。行业风口并不是最重要的，它的存在能够让创业企业如虎添翼，但不是创业者主要追逐的对象。

说创业简单，它的确不难；但说创业难，它的确也不简单。如果没有正确的方法，不尊重市场规律，不了解用户需求，没有好的商业模式和团队成员，创业项目成功的机会可能并不大。

产品不符合市场需求，是新中产认为创业失败的第一大原因。所以，新中产创业者在设计产品时，一定要真正地解决现在广泛存在的"痛点"。同时，还要思考用户凭什么非要用你的产品不可。你的产品是可有可无但没办法解决大问题的"维生素"，还是可以直接解决病痛的"止痛药"？这个问题，新中产必须在决定创业前思考清楚。

其次，对于创业公司而言，拥有一支高凝聚力、高热情度并多样化的人才队伍非常关键。有23%的创业公司破产的主要原因之一，是团队质量问题。所以，团队必须要统一愿景，并且朝着公司的长期目标奋斗，团队成员要随着创业公司的发展一起成长和进步。

最后，没有变现战略而只专注于单一渠道，无法成功地找到规模升级的方法，也是一部分创业公司失败的原因。即便产品质量还可以，甚至还有一定量的用户群体，但如果商业模式是硬伤的话，那风险投资公司会更加关注投资回报问题。

什么才是最好的时代？现在就是最好的时代。移动互联网的快速发展，带来了很多新机遇，打开了上升通道。基于政策，这几年许多地方建起了各种创业孵化器。基础设施的完善和政策的支持，对于新中产创业来说是很好的一件事。

新中产群体敢于跳出自己的舒适区，追求持续性的卓越，创业也许是最适合他们的道路。新中产创业失败的例子很多，这一事实我们不能否认，但也有不少项目能走出来。创新创造的最前沿，永远是新中产创业创新的舞台。

05 | The New Middle Class

家庭与社会关系篇
变化中的双层社会关系结构

Relationship

家庭与社会关系的转变，是新中产崛起的必然结果。在家庭层面，新中产的婚恋观将结婚从必选项变成了可选项；在小家庭化趋势下形成的家庭观，让新中产承担起培养下一代的重任，也履行起教会上一代新生活的义务。在社会关系层面，圈层化明显，且原本的熟人圈层和半熟人圈层发生巨大变化，新中产开始倾向于阳光社交。

婚恋观：对未婚者而言，婚姻是可选项

曾经，"不婚主义"如同洪水猛兽，人们谈之色变。但如今，不婚已经逐渐被大众所接受。**婚姻不再是必选项，而是可选项。**

"90"后新中产张琳按照父母的期望，读完大学读硕士，然后工作。从毕业到如今，张琳的男朋友换了好几个，可婚姻大事仍旧没有着落。张琳的爸妈眼看着女儿"奔三"，很是着急，于是天天打电话催婚。但张琳认为，恋爱很甜蜜，结婚却很麻烦，自己不结婚也能生活得很好。

事实上在新中产中，与张琳秉持着相同想法的人不在少数。他们认为，不是每个人都需要通过结婚生子来实现自己的人生价值，他们也不再将婚姻当作人生中必须要进行的一项任务。

2019年，吴晓波频道对新中产的婚姻态度调查发现，新中产认为最理想的结婚年龄是27～30岁。调查数据显示，27～30岁的新中产未婚率为40.9%，而到了30～33岁，未婚率则下降到23.6%。可见，30岁是大部分新中产为自己设置的结婚时限。

30～33岁的新中产中，仍然有接近1/4还处于未婚状态。单身的主要原因是生活圈子小和工作忙导致社交时间少。

新中产的单身情况与城市的发展程度也有一定的关联。珍爱网的数据显示，单身新中产最多的城市是一线和新一线城市，深圳、北京、广州、重庆和上海是新中产单身人数最多的5个城市。

原因有两个方面。一方面，这些城市人口众多；另一方面，这些城市聚集了大量的外来适婚年龄青年，他们远离了家庭和人际圈子，更不易于"脱单"。这一点，也反映在"脱单"方式上。大城市新中产"脱单"，更依赖在线平台等陌生人社交方式，而三、四线城市的新中产，则更依赖熟人介绍（见表5-1）。

表5-1 新中产"脱单"方式
（数据来源：珍爱网）

单位：%

一线和二线城市	比例	三、四线城市	比例
婚恋网站/App	38	亲戚朋友介绍	36
职场社交	22	婚恋网站/App	25
亲友介绍	20	职场社交	19
相亲活动	17	同学聚会	15

由于环境、家庭和个人因素等，新中产的婚恋观发生了翻天覆地的变化。总而言之，在婚恋这件事情上，**新中产的总体态度有两个特点，一是开放，二是理性**。新中产的恋爱观、择偶观、相亲观及结婚观都以开放和理性为基点。

恋爱观：可以同居，但不能未婚生育

新中产婚恋的第一大特点是开放。虽然新中产对恋爱的态度相当宽容，但却有着自己的底线与原则，即便在"90后"中，也仅有不到两成的人愿意接受未婚生育。

2019年吴晓波频道对"新中产对婚前行为的许可情况"进行了统计，详情请见表5-2。

表 5-2　新中产对婚前行为的许可情况

单位：%

婚前行为（多选）	整体占比	"60后"	"70后"	"80后"	"90后"
一对情侣结婚前，下列哪些事是可以允许的？					
牵手	92.9	91.1	90.1	95.9	94.2
拥抱	92.4	89.7	89.9	95.7	93.5
激吻	89.8	81.8	84.3	92.0	90.9
婚前性行为	78.1	61.3	72.7	83.7	84.5
婚前同居	70.6	50.4	66.4	79.6	82.7
未婚生育	12.2	2.6	9.2	13.1	17.0

对未婚生育态度的现实反映是"奉子成婚"的数量，有些25～30岁的新中产决定登记结婚和举办婚礼，一大直接原因就是有孕。当然，这与新中产的所在地有很大的关系。中国的新中产大多经由高等教育和城市化进入大中城市，离开了原生家庭所在城市，因此在恋爱甚至同居这件事上都非常自由，甚少受到来自家庭的压力。而一旦怀孕，双方家庭开始介入，就大幅度增加了在生育前结婚的比例。

择偶观：要找到那个对的人

新中产婚姻观的第二大特点，是理性。新中产的择偶观是要选择那个最匹配的人，要"爱得爽快，婚得务实"，择偶标准是典型的"要找到那个对的人"。

吴晓波频道2018年对新中产择偶标准的调查研究表明，在诸多标准中，绝大部分的新中产认为，三观匹配和性格适合是考虑结婚时最为重要的，比例分别是88.0%和83.2%，遥遥领先；其次则是为人处世，认为这一点很重要的新中产占61.7%（见表5-3）。

表 5-3 新中产择偶标准   单位：%

你认为选择结婚对象，哪些标准最为重要？	
第一梯队	第二梯队
三观匹配 88.0 性格适合 83.2 为人处世 61.7	家庭背景 54.6 经济条件 48.9 发展潜力 43.2 相貌气质 39.7 学历背景 24.5

第一梯队的标准都是"软件"，包括三观、性格和为人处世。第二梯队的标准都是"硬件"，包括家庭背景、经济条件、发展潜力和相貌气质等。

在新中产的择偶标准中，家世和经济条件虽然同样很重要，但更像是一种基础性条件，当这个条件达到一定程度之后，就能获得这一标准的基本分，而要在这一点上额外加分，就非常困难了。事实上很多未婚新中产表示，在他们的生活中，周围并不缺少在经济等条件能够达到自己要求的人，可选择的余地很大，因而并不那么看重家世和经济条件。

相反，三观、性格和为人则没有这样的上限，如果这几条匹配度很高，遇到了那个"对的人"，新中产甚至可以降低对"硬件"的要求。

三观、性格、为人，这3条标准是对日常生活行为影响最普遍的。生活中的每一个细节，大至人生理想，小至吃饭说话，处处都受到这3点的直接影响。新中产认为，如果这3点不匹配，那么两个人即便很相爱，也极容易产生矛盾。社会上有关"剩男""剩女"的话题屡见不鲜，其实他们中大多数人不是不想结婚，而是找不到一个在"软件"上相匹配的人。

王先生如今33岁，在上海工作，是一名程序员。他谈过几次恋爱，其间也进入过谈婚论嫁的阶段，但后来没结成。他认为，两个人在一起要合拍，特别是在价值观上要合拍。王先生和前女友便是因为价值观上的不和，没有走到最后。

例如，王先生特别喜欢音乐，也特别愿意在音乐这个爱好上花钱。刚工作1年的时候，他花了几千元买了一副耳机，后来收入过得去了，他就又花费了3万多元买了一对挂壁式音响挂在床头，每天晚上躺在床上听歌，这是他一天中最享受的时候。但他的女朋友特别不理解他花这么多钱买音响，认为听个歌而已，没必要买太贵的耳机。而且女友喜欢流行歌手，愿意花好几千元听一个"00后"的演唱会，可王先生喜欢古典乐，更愿意安安静静听一场室内交响乐。后来，王先生与女友愈发聊不到一块儿，于是就分开了。

由此可见，价值观等"软件"的匹配是两个人能够长久磨合、生活的基础。现在许多的年轻新中产像王先生一样，希望能够找到一位有共同爱好、能够互相了解的伴侣，不愿意将就。

新中产的择偶观更重视"软件"，主要原因在于：结婚意味着两个人要共同决策很多事情，在这个过程中，若两人"软件"不匹配，那么就会引发许多意想不到的矛盾。

新中产对"软件"因素的重视，还间接体现在"门当户对"的回归上，超过七成的人认为，婚姻选择中是否门当户对，是应当考虑的（见表5-4）。

"门当户对"并不是新中产眼中的刚性指标，它的重要性在于家庭教育深刻地影响了一个人的三观、性格和为人。"门当户对"的两个人在婚姻中合拍的概率更高。

表 5-4 新中产"门当户对"的认可程度

单位：%

婚姻选择中，"门当户对"是应当考虑的?	
态度	人数占比
完全不同意	2.3
比较不同意	4.6
中立	21.5
比较同意	44.8
非常同意	26.8

相亲观：不打算轻易将就

新中产的相亲观是不打算轻易将就。这一相亲观带来了两方面结果，一方面是遵从自己的内心，希望婚后拥有高质量的生活；另一方面，则是增加了结婚的难度——因为找一个合适的人其实并不那么容易，大多数新中产每天的生活都是"两点一线"，连新朋友都很难认识，更不用说找个灵魂伴侣了。

现实中，未婚新中产的结婚年龄越来越晚。吴晓波频道2018年的调查研究表明，八成新中产已婚，另外两成则处于未婚状态。未婚的群体中，有30%超过30岁，接近一半在25～30岁（见图5-1）。

当新中产从学校毕业进入工作状态后，只要维持单身状态，耳边就会逐渐响起来自整个家族的催婚、逼婚或变相催婚的言语要求，并且开始被组织相亲。渐渐地，这些催婚变成了压力，而这种压力在女性新中产身上体现得更为明显。访谈中，几乎每一位30多岁的未婚女性新中产都被家人问过这样一个问题："是不是你的要求太高了？"这些催婚者最终都以"差不多就可以了，最重要的是人要踏实"为结语。

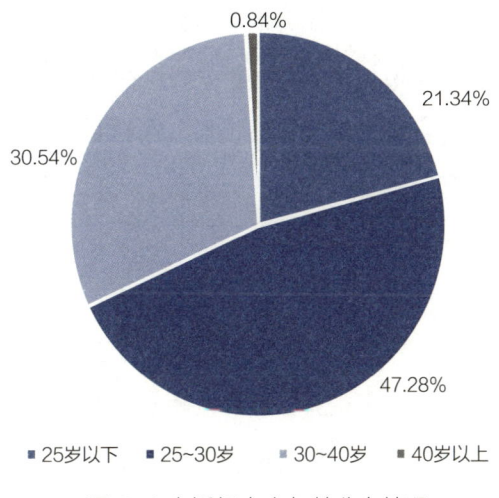

```
                    0.84%
                         21.34%

30.54%


                              47.28%

■ 25岁以下  ■ 25~30岁   ■ 30~40岁   ■ 40岁以上
```

图 5-1 未婚新中产年龄分布情况

因此，未婚、年龄渐长的新中产开始自然地以相亲的方式接触更多的适龄异性。熟人介绍和婚恋平台也成为很多30多岁新中产普遍接受的相亲渠道。

不过，虽然父母和长辈倾力操持，结果却往往不尽如人意。长辈介绍相亲对象，往往是出于自身的偏好，而由于两代人在知识结构、生活习惯、心理诉求及生活圈子上的差异，通过亲友介绍的方式碰到自己喜欢的人的概率，实在太小。

为了增加遇到合适的人的概率，避免浪费时间，新中产认为，在相亲之前，需要提出更精确的条件。

根据吴晓波频道的调查，在同时参加过长辈和互联网平台安排的相亲的新中产中，超过八成的人认为，相比长辈的介绍，互联网婚恋平台可能是一个更合适的选择，因为他们能够提出更多有针对性的要求，从而通过系统匹配到更接近自己理想目标的异性。

父母长辈在介绍相亲对象时，总会将某些条件扭曲掉，比如"样子好看一点""兴趣爱好"等，父母的审美标准和新中产的不一样。父母通常比较在意对方的学历与工作，而新中产更在意两人是否合拍。

生活中，一些人会通过婚恋网站相亲，这种方式比较流程化，但是胜在效率高，也确实有成功的案例。如果新中产在某个时间点希望能尽快结婚，其实可以尝试这样的方式。

例如，29岁的贾小姐在上海一家互联网公司上班，常常被父母长辈"花式"安排相亲。相亲几乎成为她的第二职业，而且大部分是被相亲。

对于贾小姐而言，相亲也算是一种接触不同男性的方式。但是，相亲的效率让贾小姐十分失望，因为父母安排相亲对象时，总是按照他们自己的标准来选择，比如学历要高、工作要好，而在他们的社交圈子里找，就目前来看，理想型的命中率有点低。贾小姐感觉这样有点浪费时间。她认为，一些在线婚恋平台的付费服务反倒可以直接根据模型做匹配，然后安排相亲对象，相亲的体验得到了大幅提升，她没有遇到讨厌的人。

贾小姐不打算为了结婚而结婚，而是希望遇到合适的人后，再来谈结婚的问题；遇不到合适的，至少暂时还不想将就。

由此可见，新中产即便面临着相亲难的问题，却依旧不愿意妥协，不愿意将就。

结婚观："闪婚"和"裸婚"都OK

新中产认为，婚姻的意义在于两个人生活比一个人更好。虽然新中产在择偶层面的标准较高，但当落实到具体的婚姻时，新中产对婚姻形式的要求和标准，似乎就降低了很多。根据吴晓波频道的调查，有许多新中产对"闪婚"和"裸婚"的形式接受程度较高。

对"闪婚"和"裸婚"这两种非主流的婚姻形式,持负面态度(完全不同意和比较不同意)的占比为22.9%;相反,持正面态度(非常同意和比较同意)的占比则为51.5%,其余的人持中立态度(见表5-5)。

表5-5 新中产对"闪婚"和"裸婚"的态度 单位: %

你是否同意"闪婚"和"裸婚"?		
态度	同意"闪婚"的人数占比	同意"裸婚"的人数占比
完全不同意	11.3	9.7
比较不同意	11.6	9.1
中立	25.6	25.4
比较同意	23.5	24.7
非常同意	28.0	31.1

吴晓波频道2018年的调查研究表明,新中产认为,结婚时的礼金、房产、汽车或是其他物件,并不是必需品。

这一方面得益于新中产对婚姻内在因素(爱情、三观和性格等)的重视,婚姻形式这一外在因素处于相对次要的地位;另一方面,也可能人们往往会更关注自己缺少的部分,新中产自身经济条件或其他硬件条件都不错,对这些方面的要求自然也就降低了。

例如,"90后"的罗雨与妻子便是"裸婚"。罗雨是广州某外企的部门主管,他与妻子通过相亲平台结识。结婚时,两人领证花费9元,拍婚纱照花费5000元,随后出去旅游花费1万元。旅行结束之后与长辈一起吃饭聊天,最后请朋友一起聚会,便完成了结婚仪式。没有结婚典礼,也没有大办酒席,两人却很开心。

许多新中产也像罗雨夫妻一样,认为婚姻怎么开心怎么来,没必要过多地纠结仪式、典礼这些形式。

总而言之，对于大部分新中产而言，婚姻就像是两个人合伙经营公司，他们看重的主要是三观上的相互契合和资源上的互补，对婚姻的形式反而没有那么重视。

家庭观：
既要培养下一代，也要教会上一代新生活

"我宁愿用一小杯真善美来组织一个美满的家庭，不愿用几大船家具组织一个索然无味的家庭。"这是诗人海因里希·海涅对家的理解。

现今的新中产对家的理解与此相似，希望通过自身的经营来提升家庭的美满度。与这一行为相对应的是，新中产形成了"既要培养下一代，也要教会上一代新生活"的家庭观。

家庭结构：小家庭化

小家庭化是新中产家庭观形成的重要因素。由于独生子女政策及生活成本增加等因素，新中产的家庭结构呈现小家庭化的趋势。对"00后"一代来说，"亲戚"可能仅指祖父母和外祖父母。

在绝大部分的新中产眼中，关系亲密的亲戚仅指存在两代以内血缘关系的亲属（亲兄弟姐妹、父母的兄弟姐妹及自己的子女），大家族和亲戚的概念日益淡薄甚至消解。关系再远一些的亲属，大多已经甚少来往（见表5-6）。

表 5-6　新中产家庭与亲戚的关系情况

单位：%

你和家里亲戚的关系如何？	亲兄弟姐妹	堂/表兄弟姐妹	父母的亲兄弟姐妹	祖父辈的亲兄弟姐妹	关系更远的亲戚
无话不谈	21.0	4.3	2.6	1.0	0.5
时常走动	34.0	33.3	34.5	10.1	3.7
走动很少	12.4	55.5	55.2	46.8	32.8
几乎断绝往来	0.9	5.2	6.7	34.0	57.6
没有这类	31.8	1.6	1.0	8.2	5.3

随着亲戚关系的淡化，新中产的生活结构也发生了变化，大多以核心家庭为主（已婚的与未婚子女一起生活，或未婚的与父母一起生活）。曾经三代同堂、四代同堂的情况并不少见，但现今，越来越多的新中产只愿意与核心家庭一起居住。

比如，有许多新中产夫妻在结婚前会针对居住问题进行商讨。大部分夫妻不愿意与父母一起生活，因为生活理念和三观可能有明显不同，会导致矛盾频发。这是导致新中产小家庭化的重要原因。

吴晓波频道在2019年对新中产与父母同住的情况进行调查，发现新中产的小家庭结构趋势明显（见表5-7）。

调查数据显示，"80后"与父母同住的比例在4个年龄段中最高，这往往是由于双职工的新中产家庭中，子女需要父母前来照看。考虑到"80后""90后"新中产的独生子女比例，在他们的下一代——也就是"00后""10后"眼中，"亲戚"一词的意义，也许仅代指祖父母和外祖父母。

表 5-7 新中产与父母同住的比例

单位：%

	已婚		未婚		年龄段			
	2018年	2019年	2018年	2019年	"60后"	"70后"	"80后"	"90后"
同住	28.5	28.0	29.2	26.5	13.8	21.9	30.6	24.7
不同住，但同一小区	5.3	5.5	1.8	1.1	4.6	10.1	4.7	3.4
不同住，但同一城市	24.4	25.3	11.4	11.9	52.3	31.4	25.8	16.5
不同城市	41.8	41.2	57.6	58.5	29.2	36.7	38.8	55.3

新中产的小家庭化趋势在代际传承、家庭权利和家庭业余生活层面产生了巨大影响，让新中产家庭更为和睦。吴晓波频道调查显示，仅有3.4%的新中产离异，这意味着60个新中产家庭中，只有1对夫妻离婚。

在代际传承层面，新中产学历的代际传承现象明显。吴晓波频道的调查显示，94.9%的受调研新中产接受过高等教育；已成婚的新中产中，配偶接受过高等教育的比例也达到了91.8%。中国的新中产基本上可以等同于大学毕业生群体。父辈层面，25.9%的受调研新中产的父亲学历为大学或更高学历，而他们的母亲中，这一比例也达到了15.3%；其中父母一方为大学以上学历的占比为38%。

在家庭权利层面，夫妻平等已经成为主流，双方都认为自己是"老大"。新中产生活在平等的家庭关系中，已婚新中产中，有54.1%的家庭由男方说了算，45.9%的家庭由女性说了算。男性和女性的家庭权利相对持平，同时，家庭日常权利和义务的分配趋向平均化。

有趣的是，78.1%的新中产认为，自己才是那个说了算的人。具体而言，男性中的80.7%和女性中的75.7%认为自己在家庭中话语权高于对方。这两组数据似乎存在一定的矛盾，但经过访谈，我们也发现了或许似乎合理的解释：新中产群体不论男女，在自我认知中都认为自己是家庭的最高决策者。而实际上，因为男女双方都认为自己才是家庭中掌握权力的那个人，所以最后的整体数据显示男性和女性新中产的权利是近乎平等的，即便男性看上去似乎稍强一些。

几乎所有的新中产都表示，绝大部分家庭事务都会由双方商量而定，其中一方在某一些事务上承担拍板人角色的程度更高。在代表家庭义务的家务上，女性则比男性承担了更多，但并非一边倒，超过1/3的新中产家庭家务活由夫妻共同完成（见图5-2）。

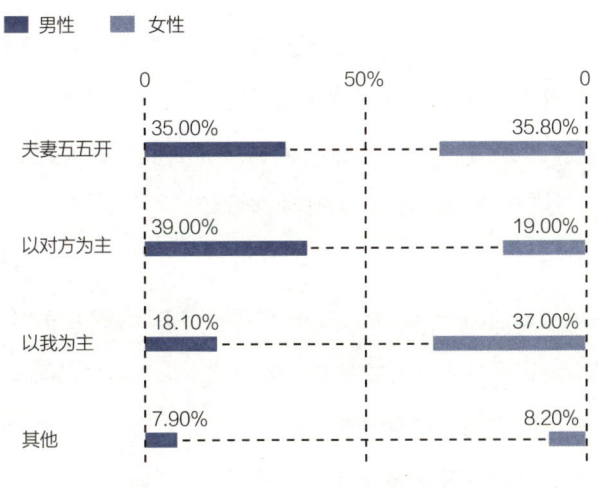

■ 男性　■ 女性

夫妻五五开	35.00%	35.80%
以对方为主	39.00%	19.00%
以我为主	18.10%	37.00%
其他	7.90%	8.20%

图5-2　新中产家庭中家务分配情况

家庭地位平等，一方面是因为新中产接受过高等教育，独立和平等意识强;另一方面,也与他们的成长环境有关。

吴晓波频道在"原生家庭谁说了算"的问题上进行了深入的调研,发现家庭权力结构是三元分立的,"父亲、母亲、成员平等"的占比远高于其他情况(见表5-8)。

表5-8 新中产原生家庭权利情况

单位:%

从小到大,谁是家里说一不二的"老大"?	人数占比
父亲	36.3
没有老大,平等关系	25.5
母亲	25.3
自己	8.0
爷爷/外公	2.4
奶奶/外婆	1.4
我的兄弟姐妹	1.1

不过和权利结构不同,在关系亲密度上,新中产是在"严父慈母"的传统模式下成长起来的,母亲永远是那个最值得倾诉的人。在成长经历中,所有亲戚长辈中,关系最亲密的是母亲,其次才是父亲,随后是爷爷、奶奶、外公、外婆,最后是其他亲戚等。

还有一部分新中产家庭在父亲、母亲、自己(及兄弟姐妹)之外,还有第四方成员——宠物。新中产养宠物的比例并不算高,只有15.5%,但对于很多目前没有宠物的"80后"和"90后"的新中产群体来说,养宠物在他们的未来计划中。

小家庭化不仅在代际传承和家庭权力层面给新中产带来影响,还会影响他们的业余生活(见表5-9)。

表 5-9 新中产下班后做的事情　　　　　　　　　　单位：%

下班后做的事（多选）	占比
陪伴家人	64.8
学习，为自己充电	58.3
运动、健身	51.4
宅在家休闲娱乐	44.3
出去社交	25.4
加班	19.3
购物	16.0
其他	5.9

小家庭化也导致新中产的家庭观发生了变化，形成了**年轻新中产既要培养下一代，也要教会上一代新生活的家庭观**。家庭观发生变化之后，新中产在对待子女、父母及宠物的思想与行为方面，也开始逐渐变化。

子女：以科学方式培养下一代

在培育子女层面，新中产始终坚持以科学方式培养下一代，而且"90后"最有办法。其培养方法主要从以下几个阶段中体现。

1.孩子出生前

绝大多数新中产认为自己的孩子是男是女都可以。吴晓波频道针对新中产对男孩、女孩的态度进行了调查，发现"60后"相对更"重男"，但程度也非常有限。而"90后"就更愿意成为"女儿奴"了（见表5-10）。

表 5-10　新中产对男孩女孩的态度 [1]

单位：%

态度	整体人数占比	"60"后	"70"后	"80"后	"90"后
对孩子，你更希望是男孩还是女孩？					
男孩	17.9	29.2	21.7	16.2	16.8
女孩	18.7	23.6	20.2	17.4	21.6
都可以	63.3	47.2	58.2	66.4	61.5

2.孩子刚出生

一直以来，中国家长是相当愿意为子女操心的，新中产父母尤甚。在物质条件方面，子女出生会显著刺激新中产父母为家庭购置基础设施：有45%的新中产会因为子女而打算买房或置换更大面积的房子，有38%的新中产在子女出生后会买车或置换一辆更好的家用车。

3.孩子早教期

虽然新中产父母对子女十分重视，但依旧无法做到尽善尽美，他们在培育子女的问题上有很多困扰，面临的首要问题便是工作太忙（见图5-3）。中国新中产家庭大多是双职工家庭，子女的成长期又正是父母的事业黄金期，难以兼顾生活与工作。而遇到的具体困难，不同年龄段的新中产家长们则有一些区别，比如：

"80后""90后"的家长和长辈有子女教育观上的代沟，但他们往往又不得不接受现实，让父母承担一部分看管子女的责任；"70后""80后"家长则会为孩子的学业和课外兴趣班苦恼，因为要学的东

---

[1] 由于数据统计时有四舍五入，最后的统计数据会有一定的误差，此类情况不再逐一说明。——编者注

西太多了;"60后""70后"家长比"80后""90后"更加不知道如何帮助孩子,一方面是因为子女已经长大,有了自己的独立想法,另一方面也是因为"80后""90后"更加善于和孩子沟通(见图5-3)。

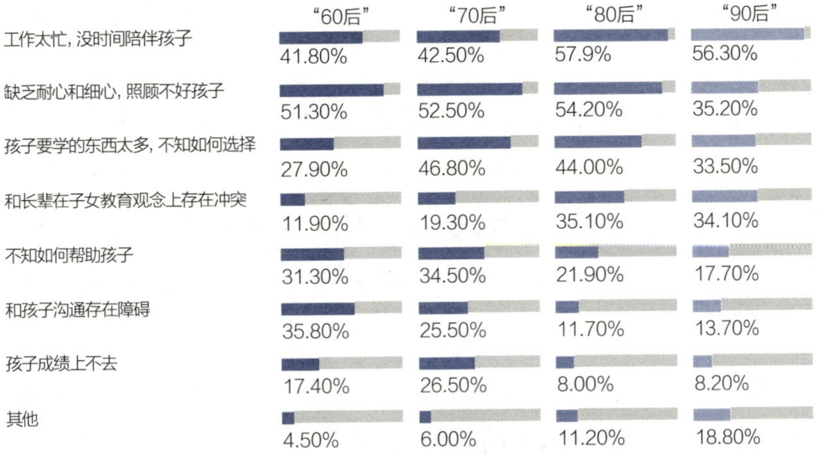

	"60后"	"70后"	"80后"	"90后"
工作太忙,没时间陪伴孩子	41.80%	42.50%	57.9%	56.30%
缺乏耐心和细心,照顾不好孩子	51.30%	52.50%	54.20%	35.20%
孩子要学的东西太多,不知如何选择	27.90%	46.80%	44.00%	33.50%
和长辈在子女教育观念上存在冲突	11.90%	19.30%	35.10%	34.10%
不知如何帮助孩子	31.30%	34.50%	21.90%	17.70%
和孩子沟通存在障碍	35.80%	25.50%	11.70%	13.70%
孩子成绩上不去	17.40%	26.50%	8.00%	8.20%
其他	4.50%	6.00%	11.20%	18.80%

图 5-3 各年龄阶段新中产在培育子女问题上的困扰

总体而言,中国新中产的家长年龄越小,在和子女相处上就更有办法,也更有耐心。"85后"和"90后"家长的育儿经更加专业化、科学化。年轻的新中产父母在育儿过程中,更善于使用技术工具和知识平台,提前做好知识储备。有的父母通过知乎等通用类知识平台,而更多的父母则会在孕期甚至备孕时,就下载一个能够提供专业育儿服务的App。通过这些平台,年轻父母们的育儿更加专业、科学、高效。

以"85后""90后"为主的年轻父母,每天会花1个小时左右的时间,通过各种母婴类网站或App,学习各类育儿过程中的问题。

从家庭育儿服务互联网平台亲宝宝调查统计得到的数据来看,有16%的新中产家庭平均每天登录母婴类网站和App达到0.5小时,44%的登录时间在0.5~1小时之间,27%的登录时间在1~2小时,7%的登录时间在2～3小时，6%的登录时间超过3小时。可见，专业育儿服务平台是新中产父母"念"育儿经的好去处。

与传统育儿过程中母亲起绝对性主导作用不同，年轻新中产认为，"育儿不是妈妈一个人的事"，他们所推崇的育儿经是孩子的父母亲两个人一起"念"的。

年轻新中产父母中，有26%的年轻宝爸和49%的年轻宝妈参与记录孩子成长的过程，只不过他们偏爱的记录形式有所不同，父亲更偏好照片，而母亲的记录形式更加多元，除了照片，她们对视频和文字等形式也非常热衷。北京、上海、深圳、杭州和广州5个城市的新中产父母最爱给孩子拍照、录视频。

当然，新中产对孩子培育的重视程度不仅体现在登录育儿App和网站的时间上，还体现在孩子的早教问题上。

亲宝宝的相关数据显示，在孩子入学前的早教阶段，有15%的新中产父母只选择线上早教方式，69%的新中产父母只选择线下早教方式，16%的新中产父母选择"线上＋线下"的早教方式（见图5-4）。

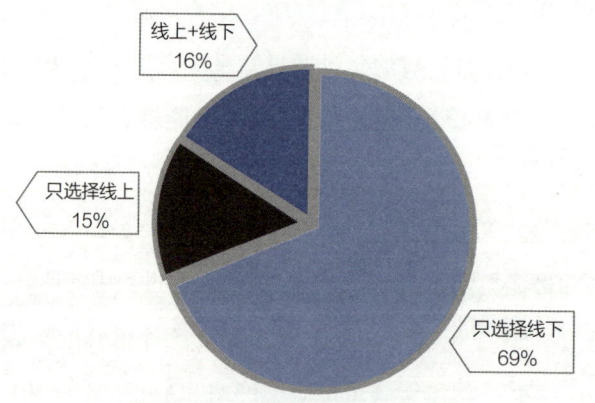

图5-4 新中产的早教方式选择

由于深受"知识改变命运"观念的影响,中国的新中产家庭很重视子女教育,其子女教育的支出比较高(见图5-5)。

子女教育的支出,在新中产家庭生活中的优先顺序排位最靠前。在我们的采访中,有2/3已经育有子女的新中产表示,子女的教育支出是他们家庭支出中最后考虑削减的部分。

为了孩子的教育,新中产父母需要有较强的经济基础,方能支撑教育层面的财务支出。吴晓波频道和艾瑞咨询的联合调查显示,有74.45%的新中产父母会加班来提升自身的经济收入。

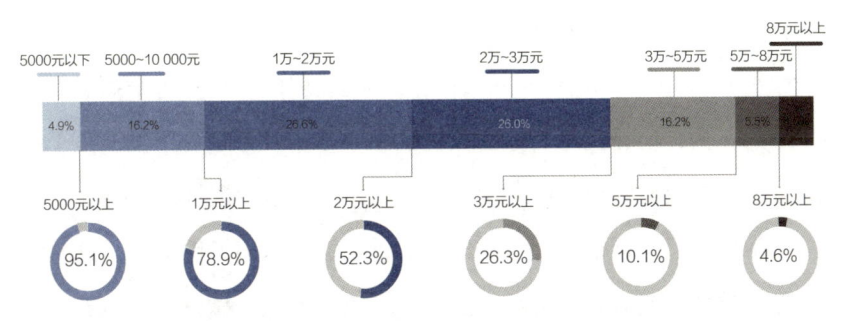

区间	占比	累计(以上)	累计占比
5000元以下	4.9%	5000元以上	95.1%
5000~10 000元	16.2%	1万元以上	78.9%
1万~2万元	26.6%	2万元以上	52.3%
2万~3万元	26.0%	3万元以上	26.3%
3万~5万元	16.2%	5万元以上	10.1%
5万~8万元	5.5%	8万元以上	4.6%
8万元以上	—	—	—

图 5-5 中国新中产家庭在单个子女课外教育上的年支出

新中产家庭钟情于课外补习的原因,在于他们认为中国基础教育难以令人满意,因此需要通过额外的方式来提升子女在同龄人中的竞争力。新中产认为,补习班在子女的素质和能力培养方面能够起到学校教育无法起到的作用,比如提升学习能力、针对个体兴趣进行个性化教育、培养能够独立做好一件事情的能力、让孩子对世界保持好奇心等。

4.其他方面

新中产父母认为,**除了单纯的分数,才干、能力同样是体现子女综合能力的关键**。甚至有些新中产父母为了培养子女其他方面的能力,会放弃工作,专职负责子女的成长。

例如，来自苏州的林女士如今40岁，是某家企业的中层管理者，孩子现在15岁。对培养孩子的要诀，林女士和丈夫都认为最重要的是"培养孩子做事情的综合能力"，而不是单一的某一项能力。

苏女士和丈夫会给孩子提供各种各样的机会，去做一些综合性的事务。比如在孩子10岁的时候，他们让孩子一个人统筹家里的年夜饭和娱乐活动。在这个过程中，孩子遇到问题，苏女士和丈夫不会去干涉，孩子要依靠自己的力量去摸索事情的流程与注意的问题。在这样的训练下，孩子每次遇到问题时，总会先自己独立思考，再去做，不知不觉中就具备了领导力，成为班级里的"领头羊"。

林女士认为，每个孩子一开始其实都挺脆弱的。虽然每个孩子都需要父母的保护，但是父母没办法保护孩子一辈子，迟早有一天，孩子还是要自己出去独自承担责任。

现在社会上还有很多人即便成年了，心智却依旧不够成熟，这其实与父母的教育方式有关。若父母能早一点让孩子独立做事情，培养孩子的独立能力，那么孩子的综合能力也会在循序渐进中慢慢提升。

对教育及培养子女综合能力的复杂态度，也体现在新中产家长们对高等教育的看法上。大部分新中产父母认为，高等教育的现状是无法令人满意的（54%对高等教育比较不满意或非常不满意），而仅有不到10%认为高等教育是令人满意的（9.7%对高等教育比较满意或非常满意）。而同时，绝大多数——具体而言是92.9%的新中产认为，进一所大学接受高等教育是必要的。

新中产家长认为，大学对子女的成长，除了学习知识和收获文凭这两个作用，还有其他更重要的影响，包括在同龄人中成长的经历，逐步成熟的交际能力，进入商业社会竞争的预科班，以及有可能收获的爱情。

总之，新中产的家长认为，中国的教育体系还没有提供质量足够好的服务——高等教育和基础教育皆然。但他们也深刻地明白教育的必要性，所以只能自己采用合理的方式来教育子女。

教育焦虑的根源，是"导师"缺席和补偿心态。家长们除了"如何不让我的孩子落后于人"这样增加竞争能力的考虑，还有一种补偿心理。这种补偿心态最大的体现，是一种近乎"导师"缺席的感受。

新中产大多是"70后""80后""90后"，在他们的成长过程中，"放养"是普遍的现象，他们通过高等教育和工作成为大城市商业系统中的一员，整个过程是一种大众选择式的无意识行为，被动接受的环节多，主动规划、突破的环节少。许多接受采访的新中产表示，如果在自己求学、就业、投资理财或是生活等方面存在一位可以倾诉和指导的导师（可以是长辈，也可以是同辈的哥哥或者姐姐），则可以少走很多不必要的弯路。

因此，面对子女方面的问题，新中产的家长们先通过加强自身的能力来解决，比如查阅书籍、与爱人沟通或者干脆直接与孩子坐下来谈等，其次才是向外界求助——包括专家、亲友、网络或是其他家长们。

巴菲特曾经说过："有能力的父母应该给子女留下一笔财产，这笔财产够做他们想做的事，但不能多到让他们无所事事。"可见，新中产父母不能只依靠钱财来无目的地培养孩子，还需要以科学方式培养下一代，这样才有可能让孩子有一个更加美好的未来。

总而言之，考虑到中国新中产家庭的财务能力、教育背景和对下一代的教育方式，新中产的下一代将成为中国第一代完全体的中产群体，即中国第一代真正意义上的中产群体。

父母：教父母"新生活方式"

《本草纲目·禽部》中将乌鸦称为慈乌，慈乌："此鸟初生，母哺六十日，长则反哺六十日"，乌鸦小时接受母亲的哺育，长大后也会反哺母亲。新中产中也存在类似的情况，这种现象被称为"文化反哺"，即新中产教父母新生活方式。

在《2018新中产白皮书》中，吴晓波频道总结了新中产和父母的关系，是"疏离而感恩的两代人"。双方的代沟客观存在，但血缘关系和朴素的传统价值观不会因此而消散。

93.5%的新中产认为自己和父母存在或轻或重的代沟，其中存在严重代沟、难以沟通的比例为14.1%。大部分新中产及他们的父母对代沟秉持着一种宽容的态度，比如，在93.5%存在代沟的新中产中，有79.4%认为尽管存在代沟，但两代人仍然可以相互理解。这主要是因为双方都认识到，产生代沟的首要原因是"自己和父母生活背景不同"。

代沟的第二大原因，则是"父母知识结构老化"（59.2%），这在某种程度上，是新中产认为自己在知识、能力、见识等方面超越了父母的内心自白。而"父母总把自己当成孩子""缺少沟通"则是占比相对较少的原因（见表5-11）。

表5-11 新中产认为的代沟产生原因　　　　　　　　　　单位：%

原因（多选）	人数占比
自己和父母生活背景不同	67.9
父母的知识结构有点老化	59.2
父母总把自己当成孩子	23.8

续表

原因（多选）	人数占比
从小很怕父亲或母亲，没有沟通的习惯	11.2
其他	4.0

与代沟互为因果的，则是沟通的频率。存在严重代沟的新中产，与父母打电话或以其他形式沟通的频率明显低于没有代沟或有代沟但相互理解的人群。

略微反直觉的是，并非代沟程度越低，沟通频率就越高。没有代沟的新中产中，与父母打电话的频率与习惯非常一致，78.3%的无代沟新中产保持每周1～3个电话的频率，每天打电话或很久才打一个电话的比例都非常低。

这或许说明，与代沟有关的，不仅仅是两代人的沟通，也与沟通的形式及给人的感受有关。只有当新中产感到自己的生活没有受到来自父母的过度干涉——不论是粗暴的命令式干涉还是关心式的干涉，维持着合理的距离时，代沟问题才会消失。对适度距离的要求，也体现在前文新中产对与父母同住的选择上。他们既不希望离父母太远（在不同城市），也不希望离得太近（住在一起）。

这个情况在那些没有代沟的新中产身上也得到了印证。没有代沟的新中产，其原生家庭往往有两个特点：父母很开明，从小就让子女做决定；两代人常常沟通、谈心。

尽管存在普遍的代沟，但在吴晓波频道的访谈中，新中产对上一代人仍然保持着相当的尊敬和感恩。大多数新中产认为，父母自小给予自己不错的家庭教育，包括为人处世的习惯、良好的学业教育、和谐的家庭关系和积极向上的生活心态。

例如成长于河南，现居杭州的周先生，如今30岁，是一名创业者。在访谈中，他向我们讲述了自己的故事：

我出生一个大家族，我妈是教师，我爸是当地体制内的基层职员。父母都是高中毕业，在同辈人中学历算是不错的，对我的学习也比较重视。所幸我从小一直表现不错，在家族里属于"别人家的孩子"。

老妈有的时候脾气不好；老爸则对我是"放养"，管得并不多，且父亲是一个随遇而安，或是说有一些得过且过的人。去郑州上大学和在杭州读研究生的时候，我感到家境的差距，产生自卑感。

我内心并不是没有过埋怨，但慢慢释然了。今年，我打算把父母接到杭州一起生活，现在和父母的关系，双方都是比较容忍、克制。我们都知道两代人之间的习惯和观点不一样，所以总体上秉持比较开放的态度，并不会强制要求对方按照自己的意愿来。

从周先生的经历和众多新中产的实情来看，在目前这样一个"后喻社会"里，新中产不仅对父母怀有感恩之情，在生活中也往往会向父母"文化反哺"，帮助他们更快、更好地适应人口、技术、产业的变化所带来的新生活方式（见表5-12）。

表5-12 新中产教父母做的11件事

1.用视频软件看电视剧
2.用指纹锁代替出门拿的钥匙
3.用扫地机器人打扫卫生

续表

4.用网约车打车出行
5.用手机导航找到目的地
6.用淘宝在网上购物
7.用支付宝/微信取代钱包
8.用微信朋友圈了解子女生活
9.用支付宝交电话费和水费等
10.用微信公众号看社会新闻和心灵鸡汤
11.用微信视频通话和发送语音,用12306网站和App订火车票

宠物:一个新的家庭成员

新中产家庭的一个新特点,是宠物成员的比例快速增加。

在2016年的新中产调研中,仅有14.2%的新中产家庭养宠物;而在2019年,这一比例增加到了20.4%(见表5-13)。

表5-13 新中产家庭宠物数量

宠物数量	占比/%				
	2016年	2019年	一线城市	二线城市	三、四线城市
1个	10.10	15.20	18.30	16.30	13.58
2个	2.70	3.30	3.60	2.60	3.11
2个以上	1.50	1.90	1.90	2.20	1.61
没有宠物	85.80	79.50	76.20	78.80	81.80

养宠物的流行程度和城市有关,城市级别越高,"宠物率"也略高。这说明,养宠物是一个系统行为,除了意愿,还需要一系列配套,

包括食品、医疗、宠物相关服务等。

这种系统行为的复杂性，也在代际层面得到证明。"80后"是最不喜欢养宠物的群体，这或许是因为他们的生活负担最重，上有老、下有小，都需要自己看顾，实在分身乏术。而"70后"家庭的"宠物率"最高，这一年龄的新中产事业有成，正在壮年，也有闲暇，子女都在离家求学阶段，养宠物正好填补了空白。

与此同时，家庭小型化导致"空巢青年"出现，家庭开始向个人化转变。"独乐主义"形成并快速扩大，造就了一批产业，比如一人食（迷你小家电）、一人租（小户型公寓）、一人旅行等。"单人的自我乐活模式"及其带来的全新生活方式，正式开启。

2015年日经中文网发布的数据显示，日本单身女性花在餐饮和时装方面的钱是同龄已婚女性的2.7倍，她们每月可以花5万日元以上（约合人民币2580元）用于提升自己。而中国的"空巢青年"也已走上同样的路径。

小张是某知名企业的程序员，最大的爱好就是"宅"。为了有家的温馨感，小张养了一只猫和一条狗。即便小张每年在猫粮、狗粮、宠物玩具、宠物美容等方面花费大量金钱，他也认为值得，因为宠物可以消除孤独感。

与小张类似的大量"空巢青年"扛起了宠物经济的大旗。《2019年中国宠物行业白皮书》的数据显示，2019年，我国宠物市场规模已经达到2024亿元，宠物经济飞速发展。按照这一势头发展，宠物在未来将会成为新中产家庭中不可或缺的一员，宠物经济也将兴起。

社会关系：半熟人关系的量最大

英国哲学家罗素曾说："人类友谊这件事情，天长地久是一个谎言，一个人和另外一个人的友谊要能够持续下去，必须建立在3个理性的前提下：平等的感情、相似的价值观和有交集的生活体验。"

人们的社会关系根据友情的深浅，形成熟人圈层和半熟人圈层，但新中产的这两个圈层内部发生了较大的变化。

熟人圈层：中学同学质量最高

如今新中产的社会关系中，中学同学质最高，半熟人关系量最大。新中产的熟人圈层也发生了变化，中学同学取代邻居和亲戚，成为最重要的社会关系。

在新中产的家庭关系中，大家庭分解成一个个规模更小的核心家庭。同理，在新中产的社会关系中，传统的熟人关系也全面让位于更多的半熟人关系和陌生人关系。

典型的例子是邻居。在中国传统中，邻居是一类相当重要的社会关系，甚至有"远亲不如近邻"之说。可在当下新中产的生活中，邻居只能算得上"点头之交"，接近2/3的新中产叫不出邻居的名字，13.8%的新中产和邻居在大街上碰面时甚至认不出对方，而能够达到非常熟悉的好朋友级别的，占比仅有2.1%（见表5-14）。

总体而言，新中产年龄越小、所处的城市级别越高，和邻居的关系就越淡薄。这显然与城市新中产的生活方式有关。他们早出晚归，有事找物业，无事不出门，最可能和邻居建立联系的场合，差不多只有遛狗或带着孩子在小区里散步的时候。以前邻居是熟人，现在只能算是陌生人或者半陌生人了。

表5-14 新中产与邻居的关系

单位：%

关系	整体占比	代际比例			城市比例		
		"60后"	"70后"	"80后"	一线	二线	三、四线
大街上见面会认不出	13.8	3.68	8.71	15.78	18.70	13.61	10.84
点头之交	51.8	54.34	54.82	51.37	53.07	53.75	49.97
叫得上对方的名字	13.4	19.72	14.38	12.71	9.61	13.52	15.60
平时会串门	11.3	7.45	11.00	10.92	10.13	10.85	12.43
关系不错，会请到家里来做客	7.6	11.13	7.87	7.59	7.01	6.80	8.43
非常熟悉，好朋友级别	2.1	3.68	3.21	1.62	1.47	1.46	2.73

相比之下，新中产和同事、朋友、同学在一起聚会的时间，远远超过与邻居交往的时间。2019年，吴晓波频道就"新中产关系最好的朋友是谁"这一问题发起调查，并对调查结果进行了整理和分析（见表5-15）。

表5-15 新中产眼中关系最好的朋友

单位：%

	整体占比	"60后"	"70后"	"80后"	"90后"
中学同学	66.5	68.2	67.5	66.6	73.8

续表

	整体占比	"60后"	"70后"	"80后"	"90后"
工作同事或前同事	63.0	66.7	69.0	66.8	47.6
大学同学	59.5	56.1	54.0	62.60	70.7
小学同学	24.5	16.7	22.3	23.9	27.2
线下活动认识的朋友	11.7	15.2	14.0	12.0	9.3
研究生同学	10.1	4.5	5.5	12.4	12.8
网友	3.8	3.0	3.0	3.9	6.6
其他	2.0	3.0	3.0	1.9	1.7

对于新中产来说，唯一仍然保持重要性的社会关系是同学和同事，就具体重要程度而言，依次是中学同学、工作同事和大学同学。造成这种现象的根本原因在于价值认同因素、时间因素和社会分层因素。

价值认同因素指价值观的同频甄别。这意味着，尽管新中产关系最好的朋友来自中学同学、工作同事和大学同学，但他们并非和所有的同学、同事都关系密切，甚至，他们和其中大部分人的关系非常一般，仅和少数价值观相同的人才是好友。

时间因素，则是指互动时间和频次。中学同学、工作同事、大学同学及其他社会关系占据了新中产大量时间，产生大量互动，从而在他们心目中占据了重要地位，建立起亲密关系。中学同学关系最为重要，是因为3~6年的大部分非睡眠时间里，双方都在同一场合（教室），为相似的目标做出相似的努力。当然，这并非指所有的中学同学都是挚友，而是说这一高频次、强互动的场景，配合价值观的甄别，极容易塑造类似于"战友"的关系。

类似的情况还包括工作同事和大学同学。不过，这两种关系的封闭性不如中学同学，工作或上大学时，新中产的生活更加多元。中学同学意味着两个人的原生家庭处在同一个城市，但工作后双方在同一城市的可能性小于大学同学。

例外的是处于事业黄金期的"70后"和"80后"，在他们眼中，工作同事的重要性略微超过中学同学（差距非常微小）；在"60后"眼中，两者比例也相当接近。而在"90后"眼中，工作同事的重要性就显著低于中学和大学同学了。这是一种反向证明，因为"90后"工作时间短，在工作中还没有足够的时间甄选"战友"并建立起足够亲密的社会关系。

社会分层因素指最终生活形态相似、在同一社会圈层的可能性。小学同学和研究生同学同样是显著的反例。小学同学的重要性显著不如中学和大学同学的原因有两个：首先，上小学时，人的价值观尚未形成。其次，目前的新中产大多是"80后""90后"，上学时有重点中学和重点大学，却少有重点小学，这意味着以学业成绩分层的机制在当时还不明显；而到了中学阶段后，不同成绩的人进入了不同的中学，入学流向持续分流，最终高度分散，影响了最后进入大学的类型和工作机会，这导致小学同学工作后在工作性质、收入水平及价值观念上的相似性并不高，因此当初小学时高互动产生的效果有限。

这些因素导致学区房的价值有了另一种解释。古有孟母三迁，为了让孩子拥有一个良好的学习环境而煞费苦心；今有新中产抢购学区房，只为了让孩子"近朱者赤，近墨者黑"，获得更好的成长。

张华，现居武汉，是一名高级工程师，孩子现在在重点中学读初二。为了孩子的未来发展，张华抢购了一套学校周边的学区房。孩子在周边结识的朋友更有可能是品学兼优的人,可以为孩子做一个好榜样。

与张华有相似观点的新中产不在少数,学区房的价值不仅仅停留在教育溢价层面,而在对孩子的价值观导向、社会分层的价值层面。

总而言之,新中产的熟人圈层发生了巨大变化,这一变化在下一代新中产中将会更为显著。

半熟人圈层:轻社交和弱关系越来越重要

在新中产的半熟人圈层,轻社交和弱关系越来越重要。在少量高密度的熟人关系之外,新中产社会关系中占比最大的,是大量的半熟人和弱关系。这一点,通过微信好友数量可以发现。

根据社会关系中的"邓巴定律",人类所能拥有的稳定社交网(熟人网络)在150人左右,而新中产群体仅仅在微信好友数量上就远超150人了。吴晓波频道的调查显示,新中产的微信好友数量平均达到628人,其中"60后"新中产的平均微信好友数量为368人,"70后"的平均微信好友数量达到了588人,"80后"的平均微信好友数量达到664人,"90后"的微信好友数量平均有658人。

这说明,在新的技术时代,新中产社交网的大部分由半熟人这样的泛泛之交构成。这一转变,对传统的旨在建构强关系和熟人网的社交关系建构方式提出了新的命题。

在中国传统社会中,社会关系结构是费孝通提出的"差序格局":亲疏远近的人际格局,如同水面上泛开的涟晕一般,由自己延伸开去,一圈一圈,按离自己距离的远近来划分亲疏。

这种格局目前犹在,但构成因素发生了变化——内圈变得很小,外圈却变得很大。每一位新中产天然会在内圈倾注心血,这是人之常情。

但同样，新中产也需要将适度的精力放置于外圈，识别是否需要投入精力（见图5-6）。

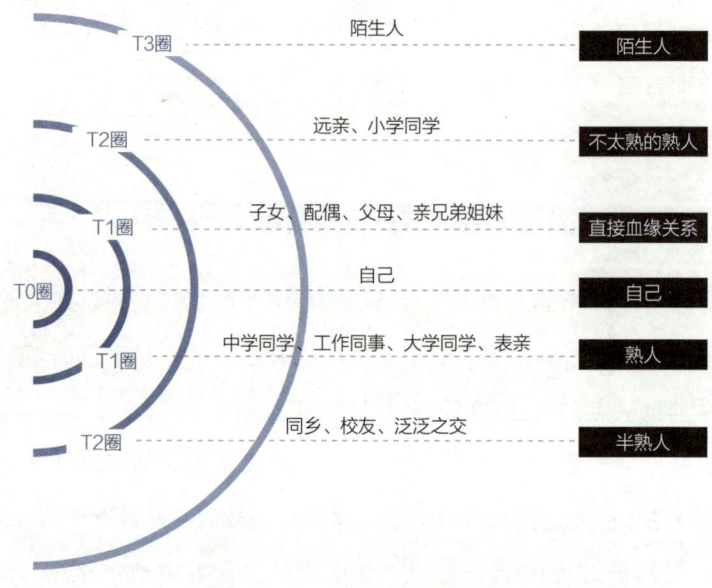

```
T3圈 ········· 陌生人 ········· 陌生人
T2圈 ········· 远亲、小学同学 ········· 不太熟的熟人
T1圈 ········· 子女、配偶、父母、亲兄弟姐妹 ········· 直接血缘关系
T0圈 ········· 自己 ········· 自己
T1圈 ········· 中学同学、工作同事、大学同学、表亲 ········· 熟人
T2圈 ········· 同乡、校友、泛泛之交 ········· 半熟人
```

图 5-6　新中产的新差序格局

或者，对新中产的社会关系，可以更加易于理解地总结为"圈层化"。圈层，本质上是围绕某一种专业能力或属性而形成的影响力和话语群体。

圈层形成的主要原因在于：新中产强调自己的社会地位，但他们认为自己的社会地位并不单纯来自职位、头衔或类似的定义"权力"的属性，他们更在意社会影响力——这种影响力往往来自新中产自己的专业能力。

对于新中产来说，权力虽好，但并不必需，而专业能力则是必需的。他们强调各个方面的影响力，如企业内部影响力，行业、专业影响力，生活方式、舆论概念和阶层文化影响力等，从而形成自己的阶层形象与区隔。

圈层化的一个直接结果是，专业或类似的爱好，是相对公开、评价统一的标准，因此人们在圈层内的影响力大小，主要取决于能力本身（尽管并不完全如此）而非关系。

圈层化的另一个结果，则是新中产往往会发现"同代代沟"。最常见的例子，是一位新中产在小学、中学、大学甚至研究生的同学会中，会发现截然不同的社会形态。这三四个群体之间或其中的部分群体之间，成员生活形态和话题体系的差异及由此而产生的距离感，会令新中产逐渐剥离同学会中的情感属性，进而影响行为，比如参加某个同学会的次数越来越少等。

新中产生活的城市向新一线转移，让"同代代沟"更为明显。一般而言，新中产更换生活城市的原因在于：希望寻找新的生活、希望回到离家更近的地方、特别喜欢某个城市、岗位调动、追求爱情、房价因素等。

吴晓波频道的调查显示，70.6%计划更换城市的新中产已经有了明确的意向目的地，而其余29.4%的新中产则尚未计划好目的地。有趣的是，在计划更换城市的新中产中，一部分人群计划进入上海、深圳、杭州、北京等一线或新一线城市，而另一部分人群则计划逃离这些大城市。以北京为例，计划进入北京的新中产人数中占比为7.15%，计划离开北京的新中产人数占比为11.92%。

在新中产计划进入的城市中，人数占比排名前5的城市分别为上海、深圳、杭州、北京、成都，而新中产计划离开的城市中，人数占比排名前5的城市分别为北京、上海、深圳、广州、郑州（见表5-16）。

表5-16 新中产正在考虑更换的城市TOP 10

单位：%

计划进入	人数占比	计划离开	人数占比
上海	8.82	北京	11.92
深圳	8.08	上海	9.24
杭州	7.34	深圳	5.88
北京	7.15	广州	5.29
成都	6.78	郑州	3.19
广州	4.18	苏州	2.52
武汉	3.81	成都	2.18
长沙	3.62	南京	2.18
苏州	3.34	杭州	1.93
南京	2.97	西安	1.93

落到城市层面上，新中产净流入最多的5个城市是杭州、成都、武汉、苏州、长沙。

张安，27岁，从事商务策划工作，来自内地某小城市，生活在杭州。他认为自己这辈子做得最正确的事，就是来到一个大城市上学，然后定居在这里。他感觉，在大城市生活过的人，要回去小城市不太容易。

一个原因是工作。商务服务型的工作，城市越大，机会越多；另一项重要的原因是生活习惯，在现在的城市生活了很多年，张安已经习惯了公事公办，效率优先。有一次过年回去和同学吃饭，大家聊起近况，有个同学刚买了房子，年后要去办房产证，同学的第一选择就是过完年找人和房管局领导沟通一声，尽快给办理出来。而张安对这样的做法持不同意见，他认为直接在政府窗口正常办理即可。

于是，新中产，尤其是人近中年的新中产，会发现一个生活上的尴尬——难以自抑的孤独感。生活的烦恼既没有时间向人诉说，又不知道和谁说，有的时候出于自我形象的维护，更不想说或是不能对外界诉说。

巨大的孤独感，往往使新中产在生活中寻找"第四空间"，作为对前三大社会空间（第一空间是家庭，第二空间是办公室，第三空间是公共社交场所）时而出现的社会压力的逃避。在"第四空间"中，新中产仅仅作为个体而非圈层化的社会身份角色存在，能够得到片刻的宁静——当然，最终还是要回归生活。

吴晓波频道的调研发现，新中产对"第四空间"的选择可以是虚拟世界，如社交平台、网络游戏等，也可以是现实世界，比如一辆汽车、一次单独的放空旅行等。在中年男性新中产中，尤其如此。

知乎有一个问题："为什么那么多男人开车回家，到了楼下还要在车里坐好久？"原因即在于，从公司到家里这段路上的空间，是属于他一个人的"第四空间"。从车里走出，走入家门的一瞬，他是从"第四空间"走出来。既是向现实世界、向家庭的回归，也是向压力的回归。

总而言之，新中产社会关系的转变是社会生产力发展的结果，顺应着时代潮流。正如马克思所言，"一定的社会关系归根结底是社会生产力发展的一定状况决定的"。

06

The New Middle Class

价值观篇
从传统性向现代性转变

Values

新中产的核心价值观是作为"个人"的现代化。简单来说，就是成为一个独立、崇尚理性、自我奋斗、尊重知识、不拘泥于传统、易于接受挑战和竞争的"现代人"。这样的价值观体现在新中产生活的方方面面，造就了他们独有的人生追求和文化审美追求，也影响了他们对社会、对人生的看法。总的来说，新中产是一群积极进取、信奉自我奋斗的人。

核心价值观：作为"个人"的现代性

当我们从消费、职业、财富、家庭等方面，对新中产这个群体进行了诸多细节性的描述以后，就不难发现，新中产群体之所以迅速崛起，不仅是因为经济条件的提升，更是因为价值观的转变。

新中产群体对消费、职业、财富和家庭的态度，无不体现着这一群体共同的核心价值观——作为"个人（或个体）"的现代化。随着高等教育的普及、产业和职业的演变及信息的传播，出现了一群正在走向现代化的个人——新中产。

我们应该怎样理解"个人的现代化"呢？

个人的现代化：独立、理性

要理解"个人的现代化"这个概念，我们首先要知道，什么是"现代人"。英国社会学家英格尔斯在他的著作《人的现代化》中，提出了"现代人"的观念，并给出了12个衡量标准。

- 乐于接受新的生活经验；
- 乐于接受社会的变革；
- 能够理解各种意见和态度，头脑开放且具有弹性；
- 积极获取新态度和新知识，不拘泥于传统和成见；
- 乐于面向现在和未来，不崇尚守旧；
- 时间观念较强，不愿浪费时间；

● 讲求效率，以便更好地应对节奏日益加快的个人生活和社会生活；

● 重视专业技能，认同"用技术换取相应报酬"的观点；

● 了解生产及生产过程；

● 更倾向于制定长期计划；

● 重视教育，要求教育有益于个人发展，敢于提出与传统教育观念和教育内容相反的看法；

● 对世界的依赖感更强，人与人之间的信赖感也更强。

以上的典型"现代人"特征正逐一显现在新中产群体的身上，并成为他们的行为特征。

当然，人不可能生来就是"现代人"，我们要在教育和社会实践中逐步完成现代化，这个过程就是"人的现代化"。从"现代人"的12个衡量标准中我们不难看出，人在实现现代化的过程中应该保持独立和理性。只有这样，人们才能充分意识到追求个人价值和实现个人自由发展的重要性，并采取合理的方式来达到目标。

新中产群体的核心价值观就是作为"个人"的现代化，他们追求独立和理性，努力让自己成为一个"现代人"。可以说，这一核心价值观贯穿了新中产生活的方方面面。

来自西安的张卉在30岁那年选择了辞职创业，开了一家小型电商公司。在辞职之前，张卉已经做到了销售经理的职位，薪水和前景都十分可观。因此，身边的朋友和家人都不理解她的选择。他们认为，作为一名30岁的女性，应该以稳定为主，不应该再选择充满风险的创业。但是张卉自己却说："我选择离职创业，并不是一时冲动。做了这么多年销售，我既懂卖货运营，又懂供应链，而且有货源，完全有做电商的条件。而且，我在开公司之前已经做好了充分的计划和准备，我敢于尝试，也不怕失败。"事实证明，张卉的选择没有错，她的电商公司发展得相当不错。

在新中产群体中，有很多像张卉一样的"现代人"，他们独立自信，不拘泥于传统观点，敢于挑战，但又不失理性，在每一步选择之前都已经做好规划。正因如此，他们才能抓住财富与机遇，成为社会新兴力量。

"现代人"与"传统人"

有"现代人"，就有"传统人"。与"现代人"相比，"传统人"更倾向于服从权威，因循守旧。我们可以从几个典型的角度来对比一下"现代人"和"传统人"的特征（见表6-1）。

表6-1 传统个人和现代化个人的特点对比

传统人的特点	现代人的特点
遵从权威 孝亲敬祖 安分守成 相信宿命 男性优越	平权开放、自由平等 独立与自顾 尊重感情，对婚姻和性持开放态度 乐观进取 两性平等 理性精神

从与上一代的对比中可以发现，新中产是更加传统意义上的个人，这也是很多新中产与父母之间存在代沟的原因。比如传统人的特点是重视权威、孝亲敬祖、安分守成、相信宿命、男性优先、关系取向；而新中产或现代化的个人，则有相反或至少部分相反的价值取向，体现为对高科技和新产品的积极尝试，对高品质生活的追求和创造，对个性特点和个人权利的主动追索，对两性的平等观，对未来的乐观进取，以及看

待世界的理性精神。

新中产的"新",不仅体现在消费方式、婚恋、家庭、职业等外在层面上,更体现在这一群体的核心价值观上。财富的积累只是一个方面,一个人只有成为真正意义上的"现代人",才能被称为新中产。

新中产的梦想:成为自己的英雄

在上一节中,我们已经提到,新中产的核心价值观是"人的现代化",这种价值观是积极进取、不遵从权威的,也是崇尚竞争主义,以成就感为导向的。所以,新中产们更喜欢在群体中的突出成就带来的自我实现。

借由自己的能力,成为自己的英雄,是新中产们心中萦绕的梦想。

"80后"徐磊的家乡是一个三线小城市。如今,他是上海一家公司的高层,并且在这里安家落户。在曾经的那段"沪飘"岁月中,他有过无数次回老家的念头。但想出人头地的信念支撑他一路走来,他说:"上海是一个充满竞争的地方,但这里同样充满机遇。我始终相信自己能够留在上海,也愿意为此付出最大的努力。"

新中产群信奉"努力才有收获"。根据吴晓波频道的数据,64.2%的新中产群体认为自己不能变得更好的原因是努力不够(见表6-2)。

表6-2 新中产认为制约自己变得更好的原因

单位:%

原因(多选)	占比
努力不够	64.2

续表

原因（多选）	占比
缺少引路人	52.5
没有良好的习惯	50.3
家庭背景	27.8
天赋不足	25.5
没有机遇	24.6
失败得还不够多	15.1
运气不好	11.2

值得一提的是，我们在访谈中发现，绝大部分新中产认为，这个社会鼓励竞争和努力，并且后生可畏，越年轻的人越努力。"85后"比"80后"更"狠"，"90后"比"85后"更"狠"。新中产在职场中，见识了年轻10岁的同事在职业上的进取和全力打拼，时常有后生可畏的感慨。

柳洋是一位"85后"，强大的进取精神和拼搏精神，让他的晋升速度比公司里很多"80后""70后"前辈都快。但是，面对一些"90后"新同事时，他也感觉到了压力。年轻同事的勤奋让他不得不感叹后生可畏。他说："这些年在工作上全力打拼，牺牲了很多，虽然取得了一些成绩，但是幸福感并不强。有时候觉得很累，但是不敢有一丝放松，因为后来的年轻人越来越优秀，很害怕自己被超越。这种压力之下，我不能完全听从内心的声音，只能在妥协中找到生活与工作、理想与现实的平衡点。"在不断寻找平衡点的过程中，柳洋也在不断成长和进步。

和柳洋一样的新中产人群有很多，他们在进取心的驱使下不断努力,同时也承受着巨大的压力。在压力之下,他们的内心难免产生冲突和迷茫。但是新中产是理性主义的秉持者,他们不会埋头蛮干,也不会放任压力压垮自己。他们擅长自我反省、调整和成长。

努力进取和理性主义,是新中产们实现自己英雄梦想的秘密武器。强烈的进取心和努力拼搏的精神让他们始终保持上升,而理性主义则让他们随时制定和调整方向。最终,他们会一路披荆斩棘,成为自己的英雄。

对竞争主义和自我奋斗的认同,让新中产们不惧压力与竞争。在他们的眼中,生活是螺旋式上升的阶梯,是起伏中前进的道路,有的时候要进攻,而更多的时候,则是为进攻做准备,以及进攻之后的复盘。

"高"而不"冷":泛文化与泛审美的回归

在过去几十年中,中国人的审美观难称高明。背后原因,是社会群体对艺术和文化的漠视。大众往往将其视为某种"高冷"的、只属于少数派的东西。但是,这一情况在新中产身上发生了转变,他们开始认为文化和审美是生活中不可缺少的元素。

那么,这种转变是如何发生的呢?

新中产群体都受过高等教育,而且他们的工作均与知识相关,这就决定了他们对文化的尊重。新中产重视教育,也十分认同教育和文化对人的塑造和影响。因此,他们的精神生活更为丰富,对审美和文化的需求也就更加强烈。

来自吴晓波频道的数据(2018年)恰好印证了这一点。数据显示,在新中产人群中，70%的人在过去一年里购买了在线知识产品或课程；83%的人在过去一年里购买了书籍，而且在这些购书者中，有超过2/3的人有长期的阅读习惯。我们有理由相信，新中产群体对文化的需求会日益增加，这些数据也会逐年增加。

近几年来，新中产群体文化需求的增长，逐步引爆了泛文化产品市场。比如，吴晓波频道通过调查发现，2018年最受新中产群体欢迎的前6个主流电视综艺节目中，有4个是泛文化类综艺节目，它们分别是《朗读者》《诗词大会》《见字如面》《国家宝藏》（见表6-3）。相比娱乐类综艺，新中产们更喜欢文化型、知识型的节目。

表6-3　2018年最受新中产欢迎的综艺节目　　　　单位：%

节目名称（多选）	观看人数比例
朗读者	49.7
奔跑吧兄弟	45.7
见字如面	40.6
国家宝藏	38.6
极限挑战	31.0
诗词大会	29.7
非诚勿扰	28.9
跨界歌王	23.5
中国有嘻哈	11.8
创造101	7.5
其他	8.3
从没有看过	12.6

与这些文化综艺节目同步出现的，还有年终晚会的改变——从过去

清一色歌舞、小品主导的娱乐型晚会，变成多元化、包括知识型的多种可选形态。如**吴晓波频道年终秀、罗辑思维"时间的朋友"晚会、浙江卫视思想跨年等**。

这样的年终晚会，是新中产们喜闻乐见的。有人说："我以前从来没想过晚会还可以是一场开脑洞的年终演讲，不过看完之后我觉得非常好。歌曲、小品每年也就是那么回事，很难翻出新花样。"

无论是泛文化类综艺节目的兴起，还是年终晚会形式的转变，都意味着新中产的泛文化需求和价值观念开始进入社会的主流视野。

"80后"的柳女士是广州某企业的高层，她已经好几年没看过"春晚"了。在她眼里，从小看到大的"春晚"已经有些跟不上时代了。其他电视台的综艺晚会也无法引起她的兴趣，她说："这些综艺晚会感觉都差不多，找一帮明星唱唱歌、跳跳舞、演演小品，没什么新意。"不过，柳女士却很喜欢近年来兴起的"文化"晚会，她觉得这样的晚会比以往的歌舞晚会有意思得多。她认为，泛文化类综艺节目和"文化"晚会，能够让自己接触到一些专业知识，也有助于提升自己的文化修养。

从新中产群体对综艺节目和年终晚会的偏好中，我们可以看到，文化正回归他们的生活，他们的审美也不再单一，他们渴望更多元化、更有文化性的电视节目，更愿意为知识付费，也更喜欢阅读。关于文化和审美的一切，对于新中产们来说，不再是高冷的、小众的，而是生活中的必需品。

随着新中产的崛起，整个社会对文化和审美的态度，也发生了转变，这种转变是令人欣喜的，也是必然的。

不安全感、不公平感和焦虑感

有关新中产的一切看起来似乎都很美——拼搏进取、崇尚理性、尊重知识、独立自主、不拘泥于传统、开放包容……

但是,在这些美好的品质和价值观之下,新中产们的心中也藏着深深的不安全感、不公平感和焦虑感。这样的感受来自他们的切身体验,也来自对未来的不确定。

安全感:"90后"新中产比"80后"更有安全感

吴晓波频道曾针对"安全感"这一主题展开调查。结果显示:安全感最高的是"90后"和"70后",而安全感最低的是"80后"。

从吴晓波频道的数据(见表6-4)中,我们可以看出,"70后"在人身、医疗和财产方面的安全感较强,而"90后"则在人身、财产、商品等方面的安全感较强。"60后"和"80后"的安全感几乎均低于"70后"和"90后"。调查数据还显示了一个有意思的现象,那就是"60后"最担心食品安全,而"90后"最担心个人隐私安全。这个现象从侧面反映了中国改革开放40多年来的发展和进步——人们对安全感的诉求从对食物、温饱转变为个人权利。

表6-4 各年龄段的安全感情况(多选)　　单位:%

	财产安全	人身安全	商品安全	食品安全	医疗安全	个人隐私安全
"90后"	48	73	38	36	41	14
"80后"	41	73	36	25	42	31

续表

	财产安全	人身安全	商品安全	食品安全	医疗安全	个人隐私安全
"70后"	46	88	35	27	48	44
"60后"	37	79	31	14	41	41

值得一提的是,"70后"和"90后",恰好是两代人,"60后"和"80后"也同样如此。也就是说,"70后"和他们的"90后"孩子的安全感,全面超越了"60后"及他们的"80后"孩子们。这是为什么呢?

答案其实很简单,那就是"拼爹"效应。比起"60后","70后"们恰好赶上了改革开放的好机遇,也通过自己的奋斗获得了更多的经济资源和社会资源。"90后"有这样的"70后"父母作为后盾,自然更有底气,安全感也更足。而"80后"在"拼爹"方面就不太占优势了,很多"60后"不仅没有赶上改革开放的机遇,反而受到了下岗大潮的冲击,因此,他们也很难为子女提供更有力的支持,不得不"单打独斗"的"80后"当然更缺乏安全感。

新中产徐佳出生于1992年,她的父母恰好是"70后",在改革开放初期选择了下海做生意,而且生意做得比较成功。父母在事业上的成功,让徐佳从小就拥有比较优越的生活环境。毕业后,她就选择了自己创业。她说:"父母在经济上的支持,让我更有安全感,也有底气去做自己想做的事。"

公平感:除了教育,其他不公平感较强

在吴晓波频道开展的相关调查中,新中产对社会各个方面的公平程度进行了评价和打分。新中产普遍认为,"高考制度"(平均得分3.37

分）和"义务教育"（平均得分3.2分）的公平度是最高的；排在其次的是"工作和就业机会"（平均得分2.9分）和"公共医疗"（平均得分2.76分）。可以看出，教育方面两个选项的得分与其他选项的差距较大。

而在"收入差距""养老社保""司法执法""公民权利""不同行业的待遇""不同地区的发展"上，新中产对公平感的打分相对较低，普遍认为这些方面不公平感较强（见图6-1）。

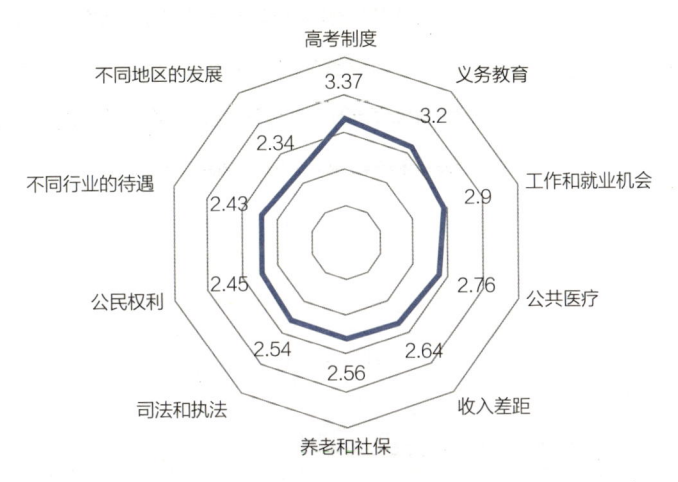

图6-1　新中产对社会各方面公平度的评价（满分5分）

吴晓波频道还调查了新中产对社会各方面公平程度的态度，从调查结果可以看出，"高考制度"和"义务教育"是认为公平的人数占比超过不公平的唯二选项（见图6-2）。

新中产们之所以普遍认为"高考制度"和"义务教育"比较公平，是因为他们几乎都受过高等教育，并通过受教育而获得了人生中的机遇。因此，他们能够更深刻地认识到高考和义务教育对大众的重要性。

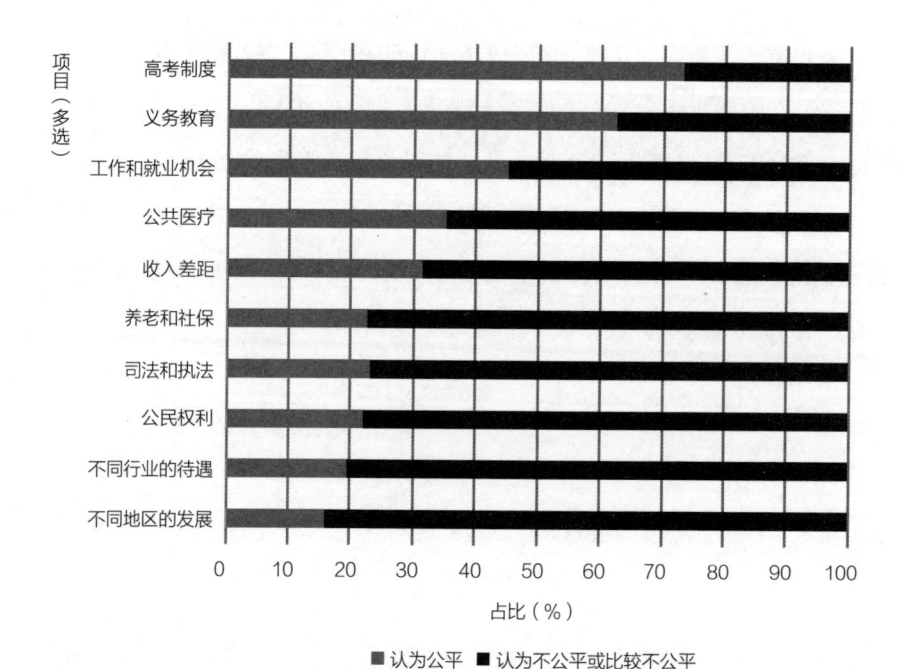

图 6-2 新中产对社会各方面公平度的态度

焦虑感：5年提升一个社会层级的烦恼

自中产阶级诞生以来，焦虑感就如影随形。正在崛起的新中产充满了焦虑，他们的焦虑问题与既有的生活结构相关。

大多已经结婚生子的新中产，将子女的培养视为头等大事，下一代焦虑是他们最大的烦恼；其次则是与社交圈层化、代沟有关的人际关系焦虑，新中产在家庭关系和社会关系网络中，往往处于中间和悬浮位置（上有领导、同事与朋友，下有妻小、父母与亲戚），需要处理各方面的利益关系，心力耗损严重。

关于财富、职业和婚姻，焦虑固然有，但新中产在这些方面都已有所积累，焦虑感反而没有那么严重。根据吴晓波频道的数据，新中产的焦虑可以归纳为以下几个类型（见表6-5）：

表6-5 新中产的各类焦虑

单位：%

焦虑类型（多选）	人数占比	典型现象
下一代焦虑	50.3	子女学习成绩不好。 自己对孩子的教育帮不上忙。
人际关系焦虑	37.8	工作和生活中人际关系处理太累。 亲戚和朋友总是不理解我。
财富焦虑	33.4	不懂理财。 房价一年涨了百分之二十，买不起了。
职业焦虑	25.6	身边同事升职加薪而自己落后了。
婚姻焦虑	8.8	经常被长辈催婚。 找不到中意的人。

新中产对已有的东西并不那么焦虑，反倒是对未来的改变有所焦虑，是对变化的焦虑。正如国家、社会的现代化过程一样，新中产群体和个人在现代化的过程中，也伴随着矛盾、分化和争议。从不同角度对不同新中产人群进行观察，会有不同的解读，甚至会出现自相矛盾的观察结果。"新中产崛起"与"中产跌落"，"消费升级"与"消费降级"等互相对立的现象同时频繁见诸媒体，即是体现。

正因存在矛盾，新中产的幸福感和焦虑感往往是一体两面。很多时候，同一件事情，在一种情境下是幸福，在另一种情境下则成为焦虑和烦恼（见图6-3）。

35岁的新中产李先生在一家金融公司工作。近两年来，他一心扑在工作上，业绩不断提升。为了达到自己理想中的人生状态，他不断鞭策自己前进，忙碌的工作让他几乎没有时间停下来喘口气。可是，偶尔夜深人静的时候，他也会陷入迷茫，不确定自己的方向是否正确。事业上的成功和进步给他带来幸福感,可是也让他对未来产生了一丝迷茫和焦虑。

总体来说,新中产在上升和成长的过程中,普遍存在不安全感、不公平感和焦虑感,这是他们"成长的烦恼",是一种希望达到理想中的状态,却尚未实现而产生的焦虑心态,也是鞭策他们向上的动力。为什么这么说呢?因为新中产群体对自己社会地位的评分是总体上升的。

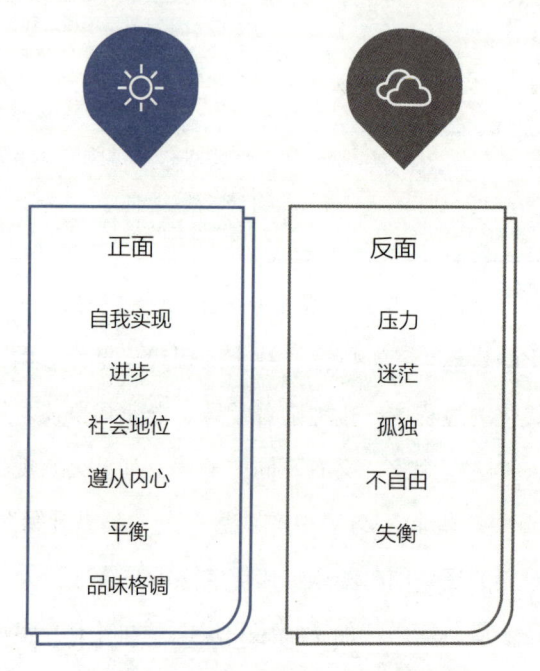

正面	反面
自我实现	压力
进步	迷茫
社会地位	孤独
遵从内心	不自由
平衡	失衡
品味格调	

图 6-3 新中产幸福感和焦虑感的正反面

吴晓波频道2018年的相关数据显示,在新中产对自己社会地位的评分中,新中产目前所在位置与5年前(2013年)的位置相比较,是整体上移的。新中产的自我评估位置,5年前是以前40%~50%和前50%~60%为中枢分布的,而目前则是以前30%~40%和前40%~50%为中枢分布的(见图6-4)。

这意味着，绝大部分新中产认为自己通过5年奋斗，将自己的社会层级提升了至少一个级别。可见，新中产正在不断为"提升一个社会阶层"而努力，而这个努力的过程中，很容易产生"求而不得"的焦虑心态。

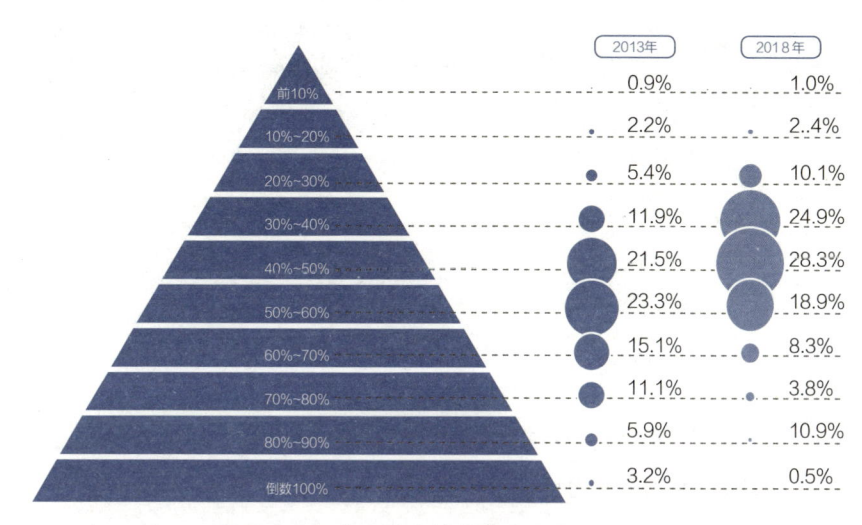

	2013年	2018年
前10%	0.9%	1.0%
10%~20%	2.2%	2.4%
20%~30%	5.4%	10.1%
30%~40%	11.9%	24.9%
40%~50%	21.5%	28.3%
50%~60%	23.3%	18.9%
60%~70%	15.1%	8.3%
70%~80%	11.1%	3.8%
80%~90%	5.9%	10.9%
倒数100%	3.2%	0.5%

图6-4　新中产社会地位自我评估变化情况

新中产价值观漫谈

新中产的价值观体现在方方面面，他们对一些比较典型的社会问题也有着自己的看法。从这些具体的问题中，我们能够进一步走进新中产的内心，了解他们的"爱与哀愁"。

对社会流动性的看法：崇尚自我奋斗

社会流动性对于新中产群体来说，是一个很重要的问题。它关乎新中产的上升空间和上升渠道。但是，他们对这个问题的态度并不乐观。

吴晓波频道的数据显示，超过六成新中产认为社会流动减缓，阶层流动正在固化（见表6-6）。

表6-6 新中产对社会阶层固化的态度　　　　　　　　　　　　单位：%

你认为社会阶层正在固化吗？	
态度	人数占比
非常不同意	6.2
有点不同意	7.8
一般	24.3
有点同意	29.6
非常同意	32.1

从吴晓波频道提供的数据中，我们还可以发现一个有趣的事实：有接近五成的新中产认为自己向上突破是有可能的（见表6-7）。

表6-7 新中产对向上突破阶层的态度　　　　　　　　　　　　单位：%

你觉得自己可以向上突破阶层吗？	
态度	人数占比
非常不同意	9.4
有点不同意	16.8
一般	27.0
有点同意	21.3
非常同意	25.4

如果对上述两个问题做交叉比较，很容易就能看出其中的差别：在认为阶层没有固化的新中产眼中，认为自己能更进一步突破阶层的比例为64.7%，而认为阶层正在固化的新中产中，认为自己能实现向上突破

的仅有42.3%（见表6-8）。

表6-8 新中产对自己是否可以向上突破阶层的看法

单位：%

态度	认为阶层没有固化的新中产	认为阶层正在固化的新中产
非常不同意	14.6	8.7
有点不同意	5.9	19.5
一般	14.8	29.5
有点同意	29.4	18.1
非常同意	35.3	24.2

不过，即便是42.3%的比例，也高于认为自己不能更进一步突破阶层的比例（28.2%）。在认为阶层没有固化和阶层正在固化的两类人中，认为自己不能实现向上突破的比例分别是20.5%和28.2%。因此，从总体上来说，新中产是一个崇尚自我奋斗的群体。

对利己主义的看法：利己才能利他

在过去的观念里，利己主义是一个贬义词。但是，新中产对此却有不同的看法，他们对利己主义进行了重新解读，而这种解读似乎与商业的本质（价值交换）不谋而合。

新中产眼中的自利不是自私，而是一种有序、合理的等价交换，并且需要一种合理的规范和制度来确保共赢的可能性。他们认为，"利己才能利他"，在有合理的规则和制度的前提下，人们能够通过利己行为达成共赢，合理的利己能够促进社会的发展。

对"损人利己"的情况，新中产认为要考虑两点，一是个人道德，二是社会规范。如果没有道德和制度的约束，就会产生"损人利己"的情况，但是"利己"本身是不应该被批判的，人们要做的是制定规范和制度，以保障利己行为的有序、公平、合理。

这种看法充分体现了新中产的理性主义。在吴晓波频道的调查中，新中产也表明了自己的态度。58.2%的新中产认为，人都是自利的，付出应该有回报（见表6-9）。

表6-9 新中产对付出与回报的态度　　　　　　　　　　　　单位：%

你觉得一个人为他人或集体付出，就应该有所回报吗？	
态度	人数占比
非常不同意	8.4
有点不同意	11.2
一般	22.1
有点同意	24.9
非常同意	33.3

同时，他们认为社会中利己主义会变得越来越普遍（见表6-10）。

表6-10 新中产对利己主义的态度　　　　　　　　　　　　单位：%

你觉得这个社会的利己主义会越来越多吗？	
态度	人数占比
非常不同意	4.7
有点不同意	5.2
一般	19.3
有点同意	27.6
非常同意	43.2

对于新中产来说，付出与回报的关系应该成正比，合理、有序的利

己行为能保护自己和他人的利益，并达到合作共赢的效果。利己无罪，损人利己才应该被批判。

对逃离北上广深的看法：能者居之

新中产对能否留在北上广深这几个一线城市的看法是：能者居之。在他们看来，"逃离北上广"是竞争的结果。

来自吴晓波频道的调查数据显示，有接近六成的新中产认为，"逃离北上广"是一种市场选择机制，最终有能力的人会留下来（见表6-11）。不过，他们也认为，在北上广深等一线城市无法待下去也是可以理解的，因为这里生活成本和房价早已不比从前。

表6-11　新中产对"逃离北上广"的看法

态度	人数占比
有能力的人留下来，一种市场选择机制	68.8
相比于一线城市，二线城市也是不错的选择	45.7
高房价会让人才流失，损害城市竞争力	26.0
北京、上海的户籍制度过于奇葩	11.9
其他	4.5

38岁的新中产陆航，是一家公司的高层，目前定居深圳。说起如今深圳的房价，他深有感触："我刚毕业的时候是零几年，那时候房价还没真正涨起来，留在一线城市还比较容易。现在对于刚毕业的孩子来说，要在这些城市生活，成本压力是非常高的，刚毕业直接能找到的好工作也少。"

事实上，越来越多的人开始把目光放在一些热门的、有潜力的城市。脉脉数据研究院的数据显示，离开北上广深后，无锡、佛山、合肥、大连、福州、厦门、哈尔滨、济南、温州等二线城市成为人们居住和工作的热门城市。

"逃离北上广深"是不得已而为之，二线城市也不失为一个好的选择。但无论在哪个大城市，想要留下来，都要用实力说话。

对"鄙视链"的看法：一种不成熟的炫耀

"鄙视链"这个词的来源已经不可考，它反映的是一种在某方面充满优越感，进而瞧不起他人的现象。如今，"鄙视链"不再是网络热词，但是社会上的"鄙视链"现象却依然存在，而且愈演愈烈。

从购物、娱乐到专业领域，都存在"鄙视链"，就连"追剧"这种休闲娱乐活动，都有一条完整的"鄙视链"。网络上所谓的"追剧鄙视链"是这样的：英剧＞美剧＞日剧＞韩剧＞国产剧＞泰剧。

在新中产群体看来，这种"鄙视链"只是一种不成熟的炫耀，"鄙视链"的存在并不是一件好事，它对社会的发展没有任何积极意义。

从吴晓波频道的数据中我们可以看出，有45.4%的人认为"鄙视链"对社会的发展没有好处，33%的人持观望和怀疑的态度（见表6-12）。

表6-12 新中产对"鄙视链"的态度　　　　　　　　　单位：%

你觉得鄙视链的存在对社会发展是一件好事吗？	
态度	人数占比
非常不同意	29.10
有点不同意	16.30
一般	33.20
有点同意	14.80

续表

你觉得鄙视链的存在对社会发展是一件好事吗?	
态度	人数占比
非常同意	6.60

但另一方面,他们也承认它的广泛存在和越来越普遍存在的趋势。来自吴晓波频道的数据显示,超过一半的人认为未来"鄙视链"会越来越普遍(见表6-13)。"鄙视链"只是有的人显示优越感的一种方式,而真正优秀的人并不需要"鄙视链"。

表6-13 新中产对"鄙视链"趋势的看法

单位:%

你认为未来鄙视链会越来越多吗?	
态度	人数占比
非常不同意	8.5
有点不同意	12.6
一般	21.5
有点同意	27.2
非常同意	30.2

对奢侈品的看法:追求美好生活vs炫耀式消费

奢侈品消费一直以来就是一个有争议的话题,新中产群体内部也并没有达成一致。根据吴晓波频道的调查数据,有55.7%的人认为,购买奢侈品是一种追求美好生活的消费升级行为;而另外49.3%的人则认为,购买奢侈品是炫耀式消费(见图6-5)。

该不该买奢侈品?对于新中产来说,这个问题涉及经济水平和消费观,从不同的角度分析,就有不同的答案。若新中产经济能力较强且追求物质高品质,那么买奢侈品就不是一种炫耀式的消费,而是为了满足自己的消费需求而做出的正常举动,这时的购买行为是合理的;反之,若新中产的经济能力不足以支撑购买奢侈品,且仅仅是为了满足自己的攀比心理而产生购买行为,那么这就属于炫耀式消费,是一种不合理的消费行为。

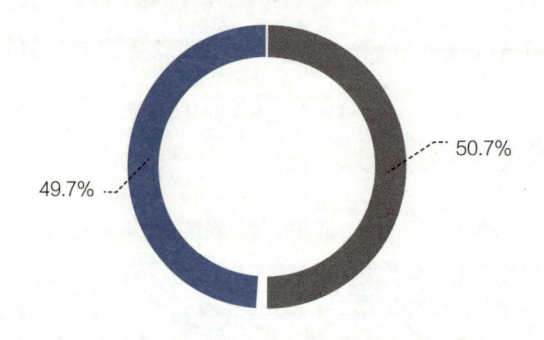

49.7% 50.7%

■ 追求美好生活　■ 炫耀式消费

图 6-5　新中产对奢侈品消费的看法

对各年龄段人群的看法:艰苦/谨慎/苦逼/互联网原住民

在新中产眼中,"60后""70后""80后"和"90后"各有不同的特点。吴晓波频道针对不同年龄段的新中产人群做了一个调查,请他们说出自己对其他年龄段人群的看法。将调查结果稍加归纳后,我们就可以看到新中产眼中的"60后""70后""80后"和"90后"(见表6-14)。

表 6-14　各年龄段新中产对其他各年龄段人群的看法

年龄段	对"60后"的看法	对"70后"的看法	对"80后"的看法	对"90后"的看法
"60后"	退休/心满意足/节约/匮乏/听孩子的/担心被淘汰/艰苦奋斗	实干/有执行力	叛逆/理解/善于学习	很有活力

续表

年龄段	对"60后"的看法	对"70后"的看法	对"80后"的看法	对"90后"的看法
"70后"	单一/生活满足/精神幸福/大锅饭	谨慎/稳健/吃过苦/实干/家庭	实现自我	实现自我/忽悠/审美奇特/直接
"80后"	务实/俗/观念滞后/主导社会/保守/质朴/离婚率低	靠自己/管理层/好时机/买房黄金期	苦逼/被坑大/创新/追求多元化/生活压力大/有韧劲	内部经济差距大/生活滋润/喜欢自由/率性/努力/拼/思维跳跃/老练
"90后"	成熟稳重/保守/注重家庭/艰苦奋斗	保守/观念滞后/大局观/工作狂	把持市场/有干劲/生活压力大	喜欢自由/有创造力/互联网原住民

从上面的表格中，我们可以看出，"60后"群体对自己的状态较为满意，并且对其他群体的看法也更为积极和包容。"70后"对"80后"和"90后"的看法中都提到了"实现自我"，这说明他们内心深处其实也有实现自我的愿望。

作为"60后"的子女，"80后"认为他们的父辈观念滞后、保守，但具有质朴的优点；同时，"80后"十分羡慕"70后"赶上了"买房黄金期"；他们也认为"90后"是更有个性、更活跃的一代。有趣的是，"90后"对自己父辈"70后"的评价中也有"观念滞后"；他们欣赏"80后"的干劲，但认为他们把持了市场。事实上，每一代人都有各自不同的优缺点，值得相互学习。

新中产作为一个正在飞速崛起的群体，对社会的影响力日益增强，他们的现代化价值观也逐渐得到了大众的认同，比如自我奋斗、崇尚理性、尊重知识、重视教育等。作为一股新兴的社会中坚力量，新中产引领了新的消费潮流，更树立了新的观念。

07

The New Middle Class

产业篇
围绕在新中产周围的机会

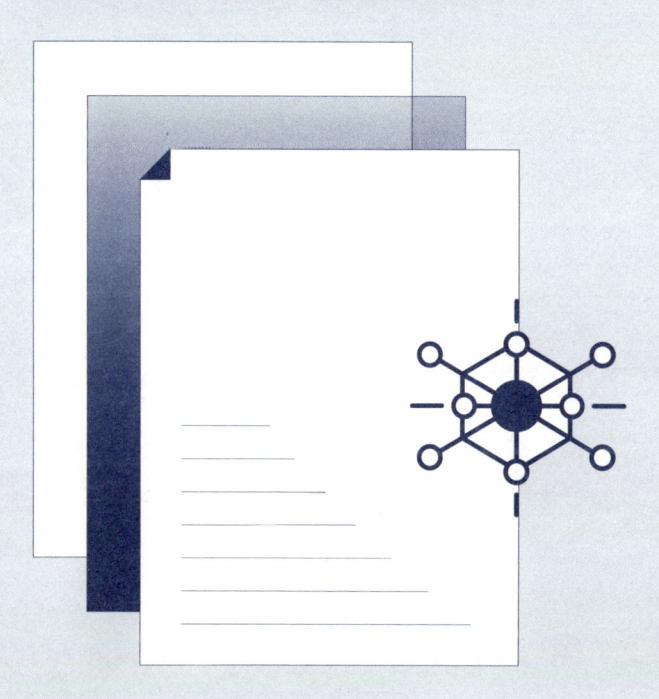

Industry

新中产崛起之际，产业机会如期而至，成为未来经济增长的主旋律。众多产业与企业紧抓机会，便可"一遇风云便化龙"。产业升级是企业紧抓机会的必要之方，主要从左侧升级——研发和设计价格脱敏及右侧升级——用新品牌和新渠道走出价格战两大方面，助力企业实现供给端与需求端的升级，在市场竞争中抢占先机，脱颖而出。

左侧升级：研发和设计要价格脱敏

机遇如同稍纵即逝的火花，一旦失去，便无法再轻易拥有。

新中产的崛起和围绕在新中产周围的产业机会，是中国未来经济增长的主旋律，它们是中国经济战略纵深所在。企业需要把握机会，率先在市场中占领一席之地。

从供给侧来看，中国制造业提供了全球超过60%的消费品产能。随着全球化的阶段性终结和产业链结构的变化，中国进行了供给侧改革，以满足人民群众（其中新中产是最主力的消费群体）对美好生活的向往。

这意味着，企业要抓住新中产崛起带来的机遇，就需要进行产业升级，让自己的产品能够击中新中产的消费"痛点"，满足新中产的消费需求。

为帮助各个企业顺利实现产业升级，吴晓波频道对产业升级方式进行了总结：产业升级的方式，是**在微笑曲线状的价值链上，从低附加值环节向高附加值环节迁移**。

从产业升级的方式来看，可以将升级分为左侧升级和右侧升级两种形式。其中左侧升级以研发设计为核心，是供给侧的升级（见图7-1）。接下来将主要从新行业与成熟行业的两个角度来陈述左侧升级。（右侧升级将在下一节详细探讨。）

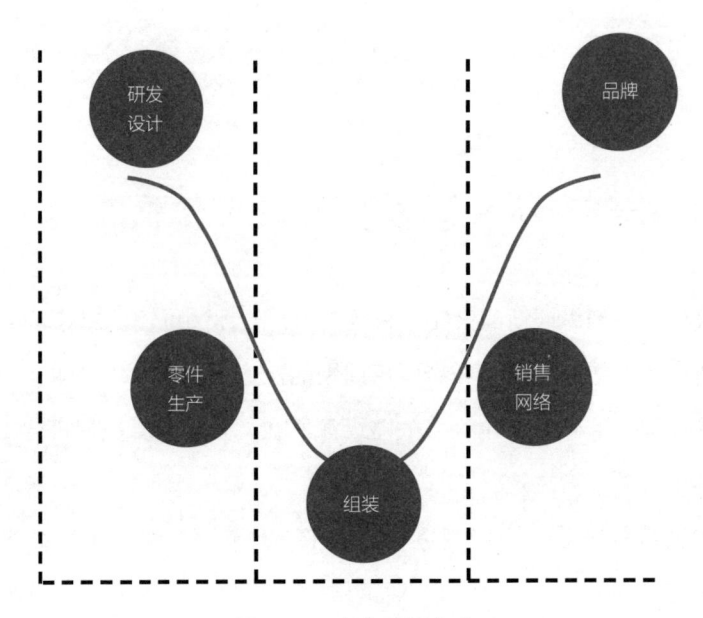

图 7-1 产业升级方式

新行业：技术创新带来新市场

全球产业目前正处在旧产业红利吃尽、新产业势能尚未大成的阶段。但全球各个国家、企业和研究人士，对未来的关键技术和产业有着基本的共识。

比如，麦肯锡提出的"影响未来的12大颠覆性技术"，主要包含移动互联网、人工智能、物联网、云计算、机器人、自动化交通工具、能源存贮技术、3D打印、新材料、下一代基因组技术、非常规油气勘探技术、可再生能源技术。根据麦肯锡的估算，这些技术在2025年对全球经济的直接影响将达14万亿～33万亿美元。

在技术创新的过程中，总是会出现最大的产业机会。而企业则会争先恐后加码研发，抢占新产业先机。

比如，人工智能技术催生了人工智能行业，众多企业为占取先机，纷纷进入该领域，引起研发热潮。乌镇智库于2018年发布的《全球人工智能发展报告（2018）》显示，在国内人工智能行业中，百度、腾讯和阿里巴巴三巨头在研发领域的优势毋庸置疑，分列"中国企业所掌握的AI专利数排行"榜单第一、第五和第七。其中，百度以发展人工智能为核心驱动力，在专利数量上领先优势明显，高达935件。

同时，国产手机也表现出了强大的竞争力，OPPO、小米和vivo分别位于第二、第四和第十。国家电网凭借其雄厚的科研实力，位列榜单第三。（见图7-2）

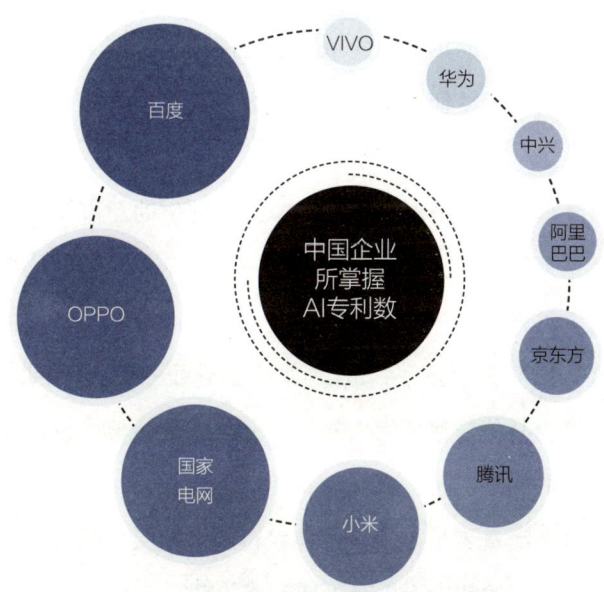

图 7-2 中国企业所掌握的 AI 专利数排行
（资料来源：乌镇智库）

依托人工智能技术，新零售行业得以持续发展。例如，京东通过人工智能技术实现"三化"（智能化、自动化和协同化），成功在新零售市场中站稳脚跟，成为领跑者。在用户需求与产品匹配层面，京东"智能化"优化了匹配机制，不仅能根据消费者爱好和兴趣推送产品，还能高效摆放货架。在仓储与运输层面，京东通过人工智能技术操控机器人、机械臂，在减少人力成本的同时提升效率，实现了"自动化"。除此之外，人工智能技术还让京东的各个系统可以实时交互，实现了"协同化"。

虽然京东的人工智能技术创新在行业中已经处于领先地位，但京东依然没有放弃继续研发技术。正如京东集团副总裁周伯文所言："产业智能化的机遇已经到来，无论是从中国的发展阶段还是从国际趋势来看，产业智能化的浪潮滚滚而来。"可见，人工智能的应用已成为趋势。

此外，12项颠覆性技术中的可再生能源技术，催生了电力、汽车、燃料等领域的新市场，让众多企业跃跃欲试，希望投入可再生能源技术的研发中。

新能源汽车市场便是可再生新能源技术催生的新市场，在这一新市场中，特斯拉是新能源汽车产业中的全球标杆企业，纯电技术与极客理念是它的竞争优势。

除了这12项颠覆性技术，5G的力量也不可小觑。5G网络指第五代移动通信网络，其传输速率大大提高，并且能灵活地支持各种不同的设备，容纳更多的网络链接，提高设备的电池寿命。可见在未来，"万物互联"不是梦，消费者足不出户也能获得超高体验。而经济能力较强、对生活质量高要求的新中产极有可能会成为5G消费的主力军。

因此，各个企业应该以技术创新为核心，提高自身的核心竞争力，从而抓住未来可能会出现的产业中围绕新中产而产生的机会。

网络上有一句名言，"站在风口上，猪都能飞"。企业紧抓科技创新带来的新市场，并不断进行新技术创新，便是抓住风口的有效方法。

成熟行业：核心技术研发和面向本土的快速迭代

新技术和新市场令人心动，而成熟行业的核心技术研发和面向本土的快速迭代，则是中国市场更应该关注的方式。

随着整体经济增速和行业增速的放缓，中国大部分行业已经从产业生命周期的成长期逐步向成熟期过渡。

未来10～20年中，中国制造业的大部分成熟行业的行业集中度将大幅提升，行业洗牌加剧是可预见的现象。能在竞争中存活下来的，一类是行业龙头，另一类则是开辟了细分市场的局部领先者。两者的共同点，是具有独特的核心技术，并将其应用于面向中国本土的产品创新，快速响应消费者，迭代产品。

在成熟的婴幼儿奶粉行业中，最具有代表性的典型案例是飞鹤奶粉。飞鹤奶粉的旗舰产品已经实现了对外资竞争对手的"量价齐超"，这得益于飞鹤的错位竞争策略。

如今随着新中产收入的提升和育儿观念的转变，新中产家庭愈发重视婴儿奶粉的质量。虽然国内的婴幼儿奶粉品牌众多，但大都无法与国外品牌对抗，外国婴幼儿奶粉品牌牢牢占据国内高端市场，并且掌握定价权。出现这种情况的根本原因，是国内品牌的质量把控出现过几次重大问题，例如2008年的三聚氰胺事件。这让国产奶粉品牌受到重挫，新中产家庭对其的信任度跌落谷底。

在行业规范不断落地的形势下，飞鹤奶粉采用错位竞争策略，在实现高品质奶源可控可检、100%新鲜生牛乳制粉的品控和技术投入的同时，根据中外母乳和中外宝宝体质的差异，开发更接近中国母乳的配方奶粉，以"更适合"理念扭转婴幼儿奶粉的选购标准。

从飞鹤的案例（见图7-3）来看，在成熟行业中，企业需要进行核心技术研发，面向本土化作更迭，为市场供给更为优质的产品。如此，方有机会抓住新中产周围的行业机会，率先抢占市场，在红海化的竞争中占据优势。

在技术研发层面，飞鹤联合哈佛大学成立了飞鹤—哈佛医学院BIDMC营养实验室，实验室逐渐发展成为两国四地的国际化研发平台。除此之外，飞鹤还成立了行业内首家乳品工程院士工作站，并与众多科研机构搭建了数十个产学研平台。这些研发平台都是飞鹤的技术后盾。

2013年——飞鹤还是名不见经传的国内二线区域性品牌，其品牌影响力辐射范围窄，只囊括东北地区、陕西、山东及河北。大部分新中产家庭甚至从未听过这一品牌。

2014年

2018年——通过乳品工程院士工作站的深入研究，婴儿配方乳粉的母乳化配方的研发工作有了新进程，可以自主掌控部分婴儿配方乳粉的原材料。这项技术对飞鹤奶粉的品控有极大帮助。

飞鹤还打造了中国主要区域的母乳数据库，在母乳磷脂、益生菌、脂肪酸等方面的研究处于行业领先水平。

2019年——飞鹤借各项核心技术的研发和面向本土的创新强势入围"2019年中国企业500强"和"2019年中国制造业企业500强"榜单。

图7-3　飞鹤奶粉的发展历程

总之，无论是新行业还是成熟行业的重点企业，都要抓住围绕在新中产周围的机会。需要以技术为核心，让新中产消费者将目光从价格转移到产品本身，让"千金难买我喜欢"成为新中产的消费口号。

右侧升级：
从新品牌和新渠道走出价格竞争

2019年，从需求侧来看，59%的城市化率和2.5亿~3亿的新中产，为中国经济提供了充分的内需增长点。未来10年中，这两个数字会进一步提升至70%和4亿。

在消费人口结构层面，"80后""90后"独生子女成为消费主力；离婚率上升，结婚率下降，个人取代家庭成为消费主体。在消费观层面，**中产消费者价格脱敏，重视品质优先于价格**。在消费结构层面，美好生活（自我提升的发展型消费和享受生活的美好型消费）成为主导。

除此之外，一、二线新中产和正在被开发的三、四线准中产正在爆发。中国新中产的出现和壮大，是城市扩散型的：率先在一线城市出现，最近5~10年扩散至主要的二线城市，在未来10年则会再次向三、四线城市的下沉市场和"小镇青年"扩散。

这些变化将会在极大程度上提升市场需求，企业需要**进行右侧（需求侧）升级，以销售网络和品牌为核心，从新品牌和新渠道出发，帮助企业走出价格战**。

新品牌模式：圈层、小众和本土审美

新品牌模式是企业围绕新中产需求进行右侧升级的重要模式之一，主要体现在圈层、小众和本土审美这几个层面。

新中产群体的消费，个性化和圈层化是突出的特点之一。与之对应的，企业在品牌策略上也需要挖掘细分市场，针对性地推出小众品牌。

比如，在主品牌之外推出副线品牌；对个别品牌加以扩展，推出带有年轻化色彩的新品牌；直接针对数类特征不同的消费者细分市场，同时推出多个品牌。

立白便是通过品牌创新和品类创新双轨道发展，实现了右侧升级，抓住了新中产周围的机会。立白是中国餐具洗涤的头部品牌。2017年，立白集团全年销售额突破了200亿元，洗涤剂销量位居全国第一、世界第四。根据尼尔森的数据，它的市场份额在洗衣粉、浓缩粉、洗洁精中排名第一，在洗衣液和洗衣皂中则排名第二。

在品牌创新层面，立白针对中国新中产日常生活中的具体场景，推出了多个聚焦细分市场需求的品牌和产品。比如，立白在主线品牌之外，新推出针对有0~12岁小孩家庭的"好爸爸"品牌。

在品类创新层面，立白采用了多样化的玩法。一是向高端化的品类拓展，例如发布立白洗衣精华液，填补洗护高端市场的空白；二是向细分市场推出针对性品类，例如针对女性内衣洗护的蜜丝内衣专护品牌、针对洗碗机洗护的珍亮，以及满足年轻人需求的立白心心珠和洗衣凝珠等新品类。

从立白的成功来看，**其他企业要想精准满足小众化和圈层化的新中产需求，可以一手抓品牌创新，一手抓品类创新，从而抓住发展机遇。**

而且，企业还可以**复兴本土审美**，通过传统文化元素的再包装，实现右侧升级，开辟市场，从而抓住新中产崛起带来的机会。

云南白药牙膏便是如此。云南白药从已有的牙膏市场中，新拓展了一个市场——以防上火、防止牙龈出血等"中国式语境"来开辟蓝海市场。其核心竞争力来自中医药的相关核心技术，以及新中产消费者对此的认同。

重新包装之后的云南白药牙膏，本土化风格中带有新审美特点，不仅具有易于被接受的品牌属性，也易于产生"中国式生活方式"概念，从而创造高端品牌。

洋河同样通过本土化文化元素品牌的复兴和高端化拓展，对品牌进行重新包装，获得了新中产的认可。

白酒，尤其是高端白酒，比如茅台、五粮液、洋河等，是典型的带有中国本土文化元素，同时兼具消费品和奢侈品双重属性的品类。一方面，由于价格因素，高端白酒具有奢侈品高端生活方式的属性概念，是礼品赠送的优先备选之一；另一方面，受益于中国传统餐饮文化和酒桌社交文化，它们也具有消费品受众广的特点。

不同于江小白的"年轻化"品牌策略，洋河这类老字号酒厂深耕传统文化，走精英圈层路线，推出"梦之蓝·手工班"等高端白酒。

从数据来看，洋河的这一品牌策略取得了不错的成效。2015年，洋河入选中国品牌价值评价信息榜"酒水饮料类地理标志产品"榜，成为白酒行业仅有的两个入选品牌之一（另一个是茅台）。2017年，在"全球烈酒品牌价值50强"排行榜中，洋河位列中国第二、全球第三。2018年，在中国品牌促进会举办的"2018年中国品牌价值评价信息发布暨第二届中国品牌发展论坛"上，洋河股份以630.55亿元的品牌价值，蝉联中国产品品牌价值第一。

近年来掀起的"国潮热"便是各个企业借助本土审美基础，对传统文化重新包装的产物。服装企业结合传统服饰文化，推出各种形制的汉服和汉元素服装；美妆界结合传统色彩文化，推出各种古典风格的口红；家居企业结合传统家居文化，推出古典屏风、中式床等任何具有中国传统文化特色的元素，都具备这一类创新的潜力，都值得中国的企业为它们增加一副现代化的躯壳。

其中最为知名的品牌便是故宫文创。它依托故宫文化，推出大量爆款产品，赢得了广大年轻新中产的喜爱。

这些企业与品牌的产品大多价格不低，它们依靠传统创新取胜，早已经走出了价格战的阴影。由此可见，复兴本土审美是企业进行品牌创新的有效方式，也是企业抓住新中产的心的有效方法。

新渠道：私域流量、直播电商和垂直生态

除了新品牌模式，新渠道也是企业实现右侧升级的重要模式，它围绕私域流量、直播电商和垂直生态圈3个层面开展。

中国的互联网流量仍然很大，但当流量成本激增时，流量时代便结束了，更加精准的私域流量被认为是争夺消费者时间的有力武器。私域流量的兴起，为企业创建了新渠道。

吴晓波频道在2019年5月发布的《2019私域电商报告》中，对"私域流量"一词做了一些解释。报告中将商户能够随时触达、直接沟通管理的用户，称为私域流量，这是相对公域流量的一个概念（见图7-4）。

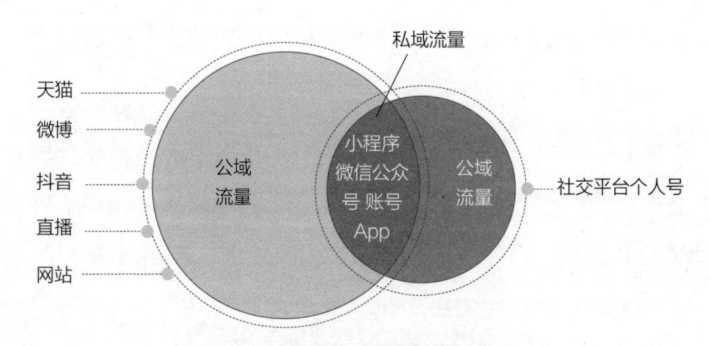

图 7-4　私域流量与公域流量

当然，私域流量也出现了更为接地气和通俗的解释。比如：加好友=私域流量，加了很多好友=私域流量池，分享给好友=裂变，建微信群=社群，在微信群发广告=社群运营，在微信群发段子=提升社群活跃度……

很显然，私域流量本身的确具备离消费者"最近"的优势，并且通过各种组合玩法，合理变现"朋友圈"。私域流量可以作为新渠道，精准触达新中产消费者，是企业走出价格战、打响产品战的重要阵地。

新渠道模式的第二个重要方式是直播电商，本质是基于人格化IP的"网红"经济模式。**它精准触达新中产消费者的方式是运用人格化IP，通过直播互动，在线销售。**淘宝主播薇娅就炉火纯青地运用了这一方法。

2018年，A股有36家服装上市公司，其中女装公司11家。这11家女装公司中，有5家年营收在18亿～25亿元之间。而淘宝主播薇娅，在2018年1年里通过直播销售（主要是服装）就达到了27亿元，相当于一家上市公司的销售体量。

在2019年"6·18"电商大促期间，所有电商平台增长乏力，唯一的爆发式增长点来自淘宝直播，当天的营业额超过130亿元，增长达到200%。直播电商产业链也已经形成，其中包括培训和签约电商主播的经纪公司、电商直播运营平台、供应链、品牌方和电商大平台等环节。

"双11"购物节是凸显电商直播效果的重大活动之一。《2019淘宝直播生态发展趋势报告》显示，2018年淘宝直播平台带货就已达千亿元，并且每月100万元以上带货规模的直播间超过400个。

在2019年"双11"购物节期间，薇娅直播间一天的观看人数便达到4315.36万，李佳琦直播间粉丝数量达到3683.5万。薇娅在2019年"双11"当天的销售额，相当于她2018年全年的销售总额，即27亿元。

以上种种数据都指向一个事实：电商直播将成为众多企业的新战场。

除了私域流量和电商直播，垂直生态圈也将是企业的新渠道。垂直生态圈是为特定人群提供专业内容和服务的平台，其精准触达消费者的方式是**从具体的需求出发，在垂直领域提供专业化服务**。

伴随消费个性化、圈层化、场景化的趋势，整个大众消费群体会在不同的场景下，成为一个个细分但需求重叠度极高的垂直消费群体，垂直类的服务能更精准地触达消费者。

"节物风光不相待，桑田碧海须臾改。"时代在快速发展，企业如果还是用老一套的价格战，注定无法走得长远。总而言之，不论是电商直播还是发展垂直生态圈，其重点都指向私域流量。在未来，私域流量将成为各个企业的战场。

08

The New Middle Class

未来商业篇

抓住 3.5 亿新中产，等于抓住大未来

Business

未来，80% 的消费将由新中产贡献，新中产是未来消费主力军，将会创造更多市场空间和更多的赢利"蛋糕"。对于企业而言，得新中产者，得天下。企业需提前布局，深挖新中产用户的需求，推动供应链的升级，推出迎合新中产用户"五感"的产品，提供"所见即所得"的用户体验，从而俘获新中产用户的心。最终，企业将借助新中产崛起的东风，在新中产市场中占尽先机。

新中产时代已经到来，你准备好了吗

时代巨轮滚滚前行，新中产登上大舞台，成为主角，他们是未来流量所在。卡耐基曾说："不为明天做准备的人，永远不会有未来。"众多企业、商家和品牌必须尽早抢占新中产的流量高地，提早准备。

新中产人群画像

与普通人相比，新中产人群的画像具备更加突出的特征。

"80后"是当下新中产的最大子群体，占比超过一半，其次是"70后"和"90后"。

与年龄分布相对应的是婚姻和生育情况。八成以上的新中产已婚，其中七成育有子女，育有两个孩子的比例大约为两成；另一方面，离异的新中产占比不到5%。由此可见，与教育和家庭家居相关的产品，在新中产中具备较大的市场空间。

而且，新中产群体普遍接受了高等教育，超过94.9%的人拥有大学专/本科或更高的学历，其中24.4%拥有硕士或博士学历。高学历的新中产往往更加注重自身的生活品质，愿意花钱提升生活质量。

新中产在职业上最大的特点是创意阶层和新专业主义的崛起，这主要是产业（就业岗位需求）升级和就业人口结构（就业供给）供需双方调整的结果。目前，中国全日制大学毕业生累计占人口比例已经达到10%，而每年普通专/本科大学毕业生占新增就业人口的比重则超过50%,知识型、创意型、服务型的职业技能需求达到了前所未有的高度,并最终影响新中产的就业观。

在职业技能的深度和专业度上,存在着通才和专才之辩,即管理型职业规划和专家型职业规划之间的选择。在职业技能的广度上,则体现为各个领域基本方法的诉求,以期在原本不熟悉的技能上达到够用的程度。这一现象让更多的新中产开始倾向于知识付费,以提升自我。新中产的崛起,给知识型产品创造了较大的市场空间。

在投资层面,新中产有较多的剩余资金用于投资,而且投资产品类型众多。这将提升金融产品的消费量。

吴晓波频道特意制作了下面的"新中产人群画像"(见图8-1)。

图 8-1 新中产人群画像

通过上面"新中产人群画像",你是否发现,新中产阶层已经占据"半壁江山"。瑞信研究院发布的《2015年度财富报告》中就已提到,中国中产阶层人数已达到全球第一,未来我国的中产阶层在数量和财富方面都将高速增长。

这意味着"新中产时代"已经到来,那么面对这样的时代,作为商家、品牌或企业,你准备好了吗?

未来81%的消费由新中产贡献

现在，"90后"一代已经全部成年，1990~1995年之间出生的人群甚至已经开始组建家庭，抚育子女；1995年后出生的人群也已经走出校门，开启职场生涯。而作为职场前辈，正逢"中年油腻"的"70后"和"80后"则大部分已经进入富足阶段，成为最具消费实力的新中产人群。这样的消费群体结构变化，也进一步驱动着中国消费市场的变化。

第三方创新咨询智库平台"媒介360"综合多份调研报告后发现，预计到2020年，中国消费总量增长的81%将来自中产阶层，新中产阶层的消费市场充满巨大的商业潜力。

财经作家吴晓波曾用四大新红利重新定义2017年，其中的一个红利，就是新中产红利。

伴随着新中产人数的增长，由此带来的不仅是消费、产品等多方面的变化，人们的消费观念、消费方式、消费偏好等，也在悄然发生改变。

那么，新中产阶层有哪些消费观念和消费方式？他们的消费有着哪些鲜明的个性？购物中心和品牌商家们该如何精准聚焦这一群体？

新中产与消费升级是一体两面的。新中产的消费，带有明显的体验性色彩，他们更舍得花钱追求更好的服务和互动体验，更加注重在实体店的体验。新中产消费观的最大特征是理性倾向明显，他们并不是不在意价格，而是更在意质量及相应的性价比，对高质量的商品和服务，他们愿意付出更高的代价。

总结归纳本书前几章的内容，新中产有六大消费趋势，见表8-1。

表 8-1 新中产消费趋势一览表

为学习埋单	有强烈的自我增值和升值的动力,所以学习型的产品或服务将是新中产阶级消费的热点之一。
为健康埋单	愿意为运动健身类的产品、健康食品等埋单。
品牌消费	不迷恋品牌,但崇尚品牌态度,个性化的品牌更能获得新中产阶层的青睐。年轻时尚的轻奢类产品,或许会成为未来消费的主流。
品质消费	喜欢休闲旅游。更多考虑的是品质和服务,注重提升生活品质,追求格调、潮流、高科技,注重体验。
情感消费	希望情感需求在消费过程中得到满足,主打情怀、情感的产品也能获得他们的认可。
"微"消费	更青睐便捷的、无现金的支付方式。

面对如此强大的新中产消费市场和消费趋势,作为品牌、商家和企业,应该如何把握中产市场机遇呢?

为了适应新中产的特点,一些企业已经率先做出了一系列动作。比如,肯德基将产品与游戏《阴阳师》相结合,可口可乐与百事可乐争相与各大游戏厂商合作,以加强与新中产的连接。

今天,中国的消费升级呈现多元化、个性化的特点,原有的品牌格局正在被打破,传统大品牌的地位正在被撼动,传统的商业正面临互联网时代带有创新基因的新物种入侵。如何捕捉新中产时代的消费动向,成为各个企业应对新消费浪潮的共同命题。

重塑价值链：
品牌、产品与用户的关系

新中产将成为未来消费主力，围绕新中产，必然会出现众多产业机会。为了抓住机会，企业需重塑价值链，重新定义品牌、产品和用户之间的关系。换言之，企业可以在需求端深挖新中产需求，在生产端创建更为柔和、灵活的供应链，在运输端实现互联网化。

知情链下的供应链：与消费者相关的一切都该被感知

新中产在商场的专柜里购买一件1000元左右的衬衫，衬衫的成本只需要100元左右；一双成本仅需100元左右的鞋，售价也在1000元上下；有些保健品的售价甚至是出厂价的三五十倍……

在传统零售场景下，由于信息不透明，话语权掌握在厂家、品牌商和渠道商的手里，新中产是不可能有完全的知情权的。这也导致了诸如三鹿奶粉事件、双汇"瘦肉精"事件、长生生物疫苗事件这样的问题频频出现。消费者在愤慨黑心商家的同时，也越来越追求知情权。

商家的利润真的高吗？

其实不然！很多商家也在大喊冤枉。10倍以上的加价率看似高，其实把运营成本、渠道成本等扣除，利润也就所剩无几了。

那么，是什么导致新中产认为商家获得暴利，而商家却又认为自己仅赚了成本而已呢？

究其原因，其实就是商家没有让新中产消费者拥有知情权。零售商家或企业要想赢得新中产的心，必须让新中产拥有知情权，把真相还给消费者。

知情链下的供应链中，新中产想知道什么就能知道什么，与消费者相关的一切都应该可以知晓。就像新中产经常说的一句话："你可以卖出天价，只要你是透明的，我就能接受。"

新中产时代，很多零售企业和品牌已经领悟了知情权的重要性，比如西贝设置透明厨房，让消费者看到事物的制作过程，小米"拆"手机给发烧友看等，这些零售企业都在用知情权打造消费者信赖度，知情权延伸下去就是参与感。

那么，如何才能让新中产群体拥有知情权呢？商家可以从以下4个方面去做：

1. 围绕新中产需求

商家最应该关注的就是新中产的需求，新中产的需求才是最重要的供应链出发点。传统供应链模式发生了根本性变革，不再是供应链顶端掌握市场走向，而是新中产决定市场走向。即新中产需要什么，商家就生产什么。

之前可能有很多商家在确定产品的时候，考虑更多的是产品的成本因素。在满足基本功能的情况下，当然是希望越便宜越好，成本越低越好。商家自以为新中产也是这么想的，以为较低的价格会让新中产购买意愿更强。倾听新中产的心声，成为一种奢望。

2. 增强新中产体验

商家不再是单纯的商品生产者，而是创造体验的服务商。同样是卖产品，体验感强、服务到位的商家，生意自然火爆。

比如，西贝的火爆绝不是因为它卖的面很特别，而是西贝给予用户的个性化体验及服务，吸引了大批粉丝。主打透明厨房的西贝，极大地迎合了用户需求，它知道用户在餐厅吃饭最看重什么。透明，吃得放心，这还不够。西贝又让用户参与其中，用户可以对自己最喜欢的菜品"点赞"，参与的结果是会得到小奖励。它培养起了用户参与西贝管理的兴趣，并让用户愿意反复体验。

3. 新中产参与分享

需求链的概念就是以新中产需求为中心，实现价值增值。随着市场体系的开放，零售已经不再是简单的购买行为，而是一种共享。线上线下的整合，就是为了让体验场景无缝对接，参与感更强。

分享是新零售时代的一种态度，更是一种趋势。对于供应链来说也应如此。每一个以新中产需求为出发点的价值链，每一次调整都应该有新中产的参与，每一个新的信息都应该分享给新中产，这样才能赢得新中产的尊重，被他们追捧。

4. 新中产参与"新中产画像"的描绘

过去零售企业都是通过数据调查和分析，具体描绘消费者画像。但零售企业毕竟不是新中产，就算能够换位思考，他们描绘的"新中产画像"也有很大可能带有主观性。因此，零售企业认为的新中产需求，有时只是自己认为新中产需要的，而不是新中产真正想要的。

新中产时代要求零售企业能够真正地掌握新中产的需求，为新中产提供更精细的服务。真正了解新中产的不是企业，而是新中产本身。只有让新中产参与到"新中产画像"的描绘过程之中，企业才能明确新中产的真正需求。这也是确保新中产知情权的方式之一。

通过以上方法，商家、品牌和零售企业在满足新中产多元化、个性化的需求的同时，也能确保新中产的知情权，提升他们的信任感，从而带来销售利润的增加。

与新中产有关的一切都让新中产感知，围绕新中产需求，增强体验，让新中产参与分享，所有这些，都能帮助需求链实现最大价值。

技术化体验：新基建下，让新中产实现"所见即所得"

2019年2月，华为、中兴、小米等中国知名手机品牌商在2019年世界移动通信大会（MWC2019）上，集体"晒"出5G手机，使"5G"成为2019年手机行业的热搜词。

"大哥大"首次实现的即时通信，标志着1G时代进入高潮；通过短信发送祝福、表达情感，是2G时代的潮流；"看图说话"成就了3G时代；短视频和网络直播实时互动成为4G时代的标志。那么，5G时代又将给市场带来何种变革呢？对于新中产而言，5G又将带来何种全新的体验呢？

在5G链接的全空间里，产品将会愈发智能化，会根据新中产的需求"自荐枕席"。在未来，人们甚至还可能人人拥有人工智脑，它在作为人们生活与工作的助手的同时，还会成为身份的第二证明。

在如今的新零售场景之中——如天猫试衣，许多消费者反映，如果长时间佩戴VR（虚拟现实）头盔或者眼镜就会感到头晕、恶心。出现这种情况并不是因为VR技术不合格，而是因为VR数据的传输速度迟于人体大脑和眼睛的反应速度。5G将会使VR数据传输的延迟时间降低到1毫秒，从而在一定程度上减少头晕、恶心情况的出现，这将为客户提供更加完美的技术化体验。

曾经，这样的消费场景屡见不鲜：你逛街时试穿了几件衣服，却陷入了选择困难的纠结之中，不知道买哪一件。这时，你可能会在朋友圈里求助，也可以站在镜子前与朋友视频通话，让朋友帮忙拿主意。但有时，这样操作花费的时间太多，会使消费者的购物体验满意感降低。

而在5G网络时代，只需要手指轻轻一点，就可以直接将朋友带到眼前。这是因为VR或AR（增强现实）的全息投影技术，能让双方随时随地以虚拟形态出现在对方面前。

5G技术使网络数据传输速度再创新高，将延迟降到最低，让用户可以有身临其境的体验，让"所见即所得"。同时，VR/AR内容处理和储存等都会在云端进行，不需要通过实体设备的操作。这在最大程度上降低了VR/AR技术的使用成本，成为VR/AR可以普及的前提。

VR/AR技术的运用，可谓是将广大的男同胞从"水深火热"之中解救出来。以后陪同女朋友逛街，不必再从街头走到街尾，累成一摊"烂泥"。在家玩游戏的同时也能陪同逛街，女友有令也可以随叫随到。这样的场景你想拥有吗？

人们可以通过VR头盔在全球范围内购物，即使身处中国，也能逛遍米兰的蒙特拿破仑大街、美国的第五大道、日本的东京银座等。5G时代，将全球商圈搬至线上已经不再是无法企及的梦想，而是触手可及的未来。除此之外，5G技术促进了大数据、云计算、物联网等技术的发展与普及运用，更使新零售得到了更高层次的发展，为零售行业带来另一个春天。

比如，Aromyx——一家总部在美国硅谷的创业公司，对外宣称"已经掌握了将香味与味觉数字化的技术"。这一信息预示着将人们的五官感觉数字化不再遥远，实现真正的身临其境的未来可期。

身临其境的未来就是：你躺在床上就能欣赏到日本漫山遍野的樱花，足不出户却能游遍天下；吃饭时就能从最好的视角观看演唱会，不用蜂拥而上也能追随"爱豆"；在购物主播推荐一件衣服时，抬起手就能感受到衣服材料的质感；看着主播吃东西，也能大饱口福，还不用担心长胖的问题……

这样的虚拟体验，几乎是每个人神往已久的未来。

再比如，无人配送机器人可以通过高带宽、低延时、抗干扰的5G技术，实现实时通信与安全运行。实时通信使无人配送机器人不再只通过GPS导航系统运送货物，而是利用如人眼一般的智能视觉能力，穿梭在房屋密集、环境复杂的城市之中，真正做到无人配送。

除此之外，5G技术还可以赋予无人配送机器人D2D的特性。D2D是"door to door"的缩写，即"门到门"，是"上门服务"的意思。每一个区域都会设立物流网络系统，同一系统中的无人配送机能够互相传递信息，配合更加完美、高效，为整个区域系统中的消费者提供更快捷、优质的配送服务。

马云认为，"看不见""看不起""看不懂""来不及"这4个阶段，是人们在面对时代变革带来的商机时，产生的4个认知层面。"看不见"的人，只能成为"不知不觉的消费者"；而经历"看不起""看不懂""来不及"的过程的人，只能成为跟风者；只有先知先觉的人，才能及时把握变革带来的机遇，趁着风口赚取巨额财富，获得成功。

5G时代为我们描述的未来生活场景与提供的智能化体验，就已经让人心生向往。许多人十分急切地想要知道，何时才能真正地体验到这些高度智能化的服务。

2019年，5G手机正式面向世界发出声音；同年6月，5G商用牌照也终于成功落地。因此，2019年可以被认作是5G商用元年。根据现有信息分析，可以预知5G的大致发展阶段与方向：

2019~2021年，云端运算及智能技术是发展的主体，智能手机与相关应用软件将会把自身的发展重心由终端转向云端。AI技术是2021~2025年间的发展主体，会得到快速发展并走向成熟，连接更多的终端设备与硬件设施，为"万物互联"打下基础。在2025~2030年，人与人、人与物将实现高度交互，"万物互联"时代降临。

注重提供便捷服务与提升用户体验的时代，是一个发展的好时代，也是一个危险的时代。它在为传统实体门店的快速转型提供技术支撑与理论基础的同时，还带来了挑战。传统实体店应该选择优秀的合作伙伴，及时把握时机，进入发展的风口，这样才能顺应时代的发展。

品牌年轻化：
俘获新中产用户的五大入口

世事瞬息万变，企业品牌如果一成不变，最终会走上末路。新中产崛起，尤其是年轻新中产的崛起，是时代大趋势，企业品牌走向年轻化是顺势而为。

许多企业认为，品牌年轻化就是单纯地更换包装、邀请时下最火的明星代言，或者是创作能够引起年轻人兴趣的文案。这些只是形式的年轻化，而非品牌内容的年轻化。一般而言，年轻的新中产见多识广，企业想通过简单的新瓶装旧酒俘获年轻用户的心，无疑是痴人说梦。

实现品牌年轻化俘获新中产，要从根源出发，从影响新中产消费的"五感"——满足感、真实感、幸福感、认同感、独特感出发。

满足感：从功能式消费到体验式消费

我们一起来看几个有趣的现象：

谁会想到，看起来不起眼的奶茶或豆浆却可以与法国著名时尚品牌LV比肩？但喜茶和桃园眷村却真的做到了。喜茶将自己打造成一个让消费者灵感迸发的空间；桃园眷村则用简单的豆浆和油条，让消费者品味到了人生。

晨光文具公司通过各种创意，为消费者打造了无数个书写的解决方案和场景，与此同时，也使得自己成为一个"从文具到文创"的品牌。

租车公司为了同时满足家长和孩子的需求，与汽车玩具品牌商合作，让大人们租到大车的同时，孩子们也可以租到小车，一举两全。

很多局外人看到这些现象，会问："为什么这些品牌会做一些与产品看似无关的事情呢？"

事实上，这些现象已经足以说明，社会需求已经从"持有"物品向"如何使用"，以及通过物品能"实现什么样的生活"的方向转变，这也是"中二病""CP（配对）""二次元""鬼畜""直播""穿越火线""王者荣耀"等如此火爆的原因所在。新鲜事物不断袭来，令人目不暇接。

无论你是否相信，改变正在发生。

新中产时代，消费的中流砥柱是新中产。他们出生在一个经济繁荣、社会安定的年代，他们视野宽广，开放热情，相对于商品价格，他们更在意内心体验和感受。在这样的背景下，新消费主义朝着三大趋势发展（见图8-2）。对于各大品牌、商定和零售企业来说，了解这三大趋势是非常必要的。

图 8-2　新消费主义的三大趋势

从"物理高价"到"心理溢价"

在过去，商品价格高意味着其价值也高，但现在，这个价值判断标准已经发生了改变，"值得"这个词的意义对于新中产来说，已经发生了质变，在当今时代，新中产的关注点从"显著性消费"朝着"非显著性消费"转移。

这里我们所说的"显著性消费"，指的是符号感和认同感，消费者更加渴望得到一定的社会地位和他人的认同，而这种渴望在消费决策中占据着主导作用，比如很多人喜欢购买奢侈品，喜欢开豪车、住豪宅等。相对来说，"非显著性消费"则比较偏重于产品细节及品牌所蕴含的文化、精神和各种时尚元素等，这些感知性体验往往是促成新中产下单的要素。

另外，在多媒体逐渐发展壮大的今天，诸如抖音视频、今日头条等新事物一一出现在人们的视野中，新中产获得信息的途径不断聚合，接收到的信息也逐渐趋同。因此，大多数新中产在做消费决策的时候，会受到很多相似因素的影响。与此同时，在垂直领域，KOL的带货能力也愈加突出，使得消费出现趋同现象。

由此可见，消费的潮流化和趋同化是有迹可循的，它造就了数以万计的"网红"爆款，并且使得潮流改变频次逐步提升；但相对而言，其生命周期却逐渐缩短，比如当前红极一时的抖音和小红书上就可以找到很多案例。

从"功能满足"到"情感满足"

在新消费主义下，新中产更喜欢有feel（感觉）的东西，他们的内心对精致生活有着自己的看法，并朝着这种向往的生活不断努力，坚持内心的慰藉和供给；他们不断追求个性，追求高品质生活，因此商品的实用性在他们眼里不再是购买执行的决定性因素，他们更需要那种触碰到自己内心需求的东西，那种在消费、体验和感知的过程中可以让自己产生归属感的东西。

比如，三只松鼠的用户群体大部分是"80后"和"90后"新中产。这些用户的喜好非常个性化，不走寻常路，热衷于那些有趣、鲜活、引导潮流的品牌标签，个人的价值需求明显。三只松鼠正是抓住了此类新中产群体的这种心理，与用户之间建立了情感联系，既满足用户的功能需求——吃，又满足用户的心理需求——个性，同时也培养了用户的消费习惯，所以该品牌的产品销量在行业内一直处于遥遥领先的位置。

从"拥有更多"到"拥有更好"

对于"80后"和"90后"这些较为年轻的新中产来说，最受他们关注的事情莫过于他们自己喜欢的事情。他们勇于改变生活，也为自己所生活的环境带来了很多积极的促成因素，其中，回归理性是消费升级新阶段的另一重要趋势。

很多人喜欢为长远做打算，为各种可能出现的风险而担忧，因此会自然而然地进行消费调整，例如降低各种日用百货、烟酒食品和服装鞋帽等用品的消费。但这种现象并不意味着"消费降级",它只是消费结构的局部改变而已。

首先,人们在教育、医疗健康和文化娱乐方面的支出在不断增加;其次,生活用品自身也在不断升级,产品细分到各个人群,那些关注体验价格比的品牌仍然可以崭露头角。

虽然新中产的消费趋势正在发生改变,但不变的是新中产对生活质量提高的期许。

不管是零售企业还是商家,都要依托诸如大数据等技术工具来获得新中产对产品或服务的期许,然后再根据自己的特点确定发展战略,攻下细分市场,以求满足特定消费者的需求。

消费者的期许与两种冲突脱不开关系,如图8-3所示。

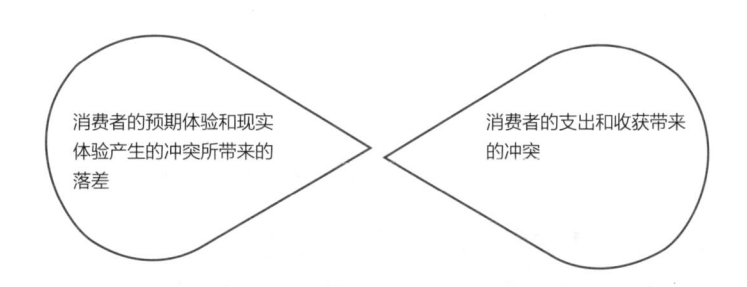

图 8-3　消费者期许下容易产生的两种冲突

前一种是体验落差值,而后一种是体验价格比。

在这两种冲突中,创新者总能找到自己发展的机会和空间。例如,瑞幸咖啡在短短半年的时间里便突出重围,而小罐茶也在3年6个月的时间里创下20亿元的营收,做到业界第一。

在消费升级的新阶段,不同圈层的消费都得到了升级,在人们的分化跃迁下,各圈层的先锋用户处在不同的核心场景,产生了不同的核心需求，这种现象使得新的解决方案甚至新业态应运而生。例如wework、氪空间等联合办公，蔚来汽车、威马汽车等智慧出行，得到、喜马拉雅等知识付费平台，盒马鲜生、超级物种等新商业的诞生。

商业的重心不再是"把东西卖给谁"和"如何把东西卖给这些人"，而是"要为哪些人创造体验"及"为这些人创造什么样的体验"。品牌可以做好新中产定位，重塑全局品牌体验，从而实现消费升级新阶段的转型。

重塑品牌体验并不单单指视觉识别/用户界面（VI/UI）的升级，而是要坚持以可持续发展为前提，设计商业生态的升级。通过加强人与品牌的关系，让新中产对品牌从陌生到熟悉，进而产生爱意，愿意将品牌分享给身边的人。

真实感：实在的产品才时髦

椰树牌椰汁虽然包装不尽如人意，但其扛着"新鲜椰肉鲜榨"的大旗，获得了一大批忠实粉丝，享有较高的知名度。它甚至还是许多新中产的童年回忆。椰树牌椰汁不算"酷"，甚至还有一些"土"，为何却能在市场中立于不败之地，赢得新中产的喜爱？

归根结底，是产品具备真实性。根据网络统一的定义，真实性就是"被权威认证的或真材实料的、原汁原味或来源于真实产地的品质"。而具备真实性的产品更容易获得新中产的信任。在一部分新中产心中，**实实在在的产品才时髦。**

如今生产技术突飞猛进，批量生产的操作日益简单，这导致造假成本降低。在此种情况之下，新中产更在乎产品的真实性。

有许多品牌认为，建立产品的真实性，只需要邀请明星、"网红"

等做背书就足够，实则不然。新中产见过太多的营销手段，这些显然已经无法打动他们。正所谓"真金不怕火炼"，品牌需要为新中产消费者的自我表述提供机会，接受他们的检验。新中产自身的证言，往往要比"王婆卖瓜自卖自夸"的营销更真实。

幸福感：赋予产品正向情感

第二章提及新中产的消费类型之一，是美好型消费，这种类型的本质是为幸福感消费。"千金难买我高兴"，花钱买快乐、买幸福感，是新中产消费的主要特征。这种消费源于新中产的内心，不受外在因素的限制。

作为新中产一员的张小姐，每次逛街时看见自己喜欢的东西，都会毫不犹豫地买下来。张小姐认为，在如今的社会环境中，快乐的感觉总是短暂的，通过消费能够获得快乐和幸福感，何乐而不为呢？

张小姐还认为，大多数的快乐和幸福感其实与金钱无关。所以，对能够用钱获得快乐的事，应该牢牢抓住。

与张小姐持相同想法的新中产不在少数，这为众多企业的发展指明了方向，即赋予产品正向情感，让新中产在消费时感受到快乐和幸福。要达到此种境界，企业需要尊重新中产之间的差异性，用真情实感和真性情来引起新中产的注意。

江小白白酒便是打造了一个文艺青年的形象，用其走心的文案赋予产品情感与温度，从而激发消费者内心的情感共鸣，加深消费者对产品的印象。

从江小白的案例可知，赋予产品情感的方式是打造人格化IP和讲故事。其中关键的一点，是将感官感受最大化，并让这份幸福感和快乐具备感染力，从而在新中产内部快速传播。

认同感：识别新中产的价值观

每个人都有不同的DNA，这会使人显现不同的特征。品牌也是如此，要具备自己独特的DNA，即价值观内核。

社会学家鲍德里亚在《消费社会》中提到："人们对物的消费，实质上是对物背后所承载的符号意义的消费。"换言之，新中产消费的是品牌产品背后的价值观。

在中国，众多品牌征服新中产的方法是打造新中产认可的价值观。例如，迪奥推出了这样的价值观：女士——"从标志性杰作到最新产品，探索迪奥演绎的妩媚魅力"，男士——"从经典精品到最新作品，探索迪奥的男士世界"。

新中产在消费时追求高品质和高体验，迪奥的价值观正好识别了此点，向新中产消费者传递出"经典"和"精品"的价值观念，从而让新中产消费者认同。

认同感不仅体现在消费者认可品牌的价值观层面，还体现在消费者通过品牌价值获得社会认同感层面。

在消费心理学中，有一个著名的效应——凡勃伦效应。它是指"消费者对一种产品需求的程度因其标价较高而不是较低而增加"。换言之，产品的定价越高，消费者的购买意向就越高，销量也越高。

新中产的经济水平、社会地位和科学素养较高，为了凸显自身这一特点，新中产在消费层面更倾向于高品牌价值的产品。这类产品的价格是"非成本定价"，虽然价格高，但能够展现新中产的身份，让他们获得更多社会认同感，从而促使他们在精神层面得到满足。

新中产的消费观归根结底便是"悦己",各个企业、品牌需要始终识别这一价值观,让新中产消费者认可品牌价值,同时还能从品牌价值中获取他人的认同感。

独特感：与众不同的价值主张

个性是新中产的追求之一,他们希望自己能够变得独特。品牌独特的价值主张能够吸引众多新中产消费者的目光。例如,聚美优品创始人陈欧曾经亲自上阵,为品牌代言,其广告词在网络上引起重大反响,被称为"陈欧体":

> 你只闻到我的香水,却没看到我的汗水;
> 你有你的规则,我有我的选择;
> 你否定我现在,我决定我的将来;
> 你嘲笑我一无所有、不配去爱,我可怜你总是等待;
> 你可以轻视我们的年轻,我们证明这是谁的时代。
> 梦想是注定孤独的旅行,路上少不了质疑和嘲笑。
> 但那又怎样,哪怕遍体鳞伤,也要活得漂亮!
> 我是陈欧,我为自己代言。

广告一出,众多追求个性的新中产开始在聚美优品上购买物品。从上述案例来看,在面对新中产时,品牌独特的价值主张具备更大的吸引力,它能帮助新中产消费者彰显自身的个性。

例如,"提供便捷、操作简单、技术革新、极具美感、独一无二的设计",是苹果手机面对追求个性的年轻新中产的价值主张。购买苹果手机的新中产在拿出苹果手机时，可以向外表达"我是一个具有审美，追求独一无二的设计的人"。新中产消费者与品牌的价值主张相契合，便能达到此种效果。

越来越多的新中产对所谓的淘宝"爆款"不屑一顾，开始追求小众品牌，便是为了凸显自身的独特性。总之，企业打造独特的价值主张，是抓住新中产崛起机遇的关键。

在打造独特的价值主张层面，各个企业品牌可以从产品特征（如包装设计、品牌标志等）、产品的使用场景、产品体验、营销活动等入手，给予新中产消费者视觉冲击或者识别特征。

品牌年轻化不是讨好新中产消费者，而是发掘新中产的需求和价值观，并向其传递出新中产会认可的价值观和价值主张。

足履实地，方能走得长远。各个企业品牌可以紧抓"五感"，俘获新中产消费者的心。

图书在版编目（CIP）数据

这个国家的新中产：新中产画像与未来商业白皮书 / 吴晓波频道编著. -- 北京：中国友谊出版公司，2020.10

ISBN 978-7-5057-5006-7

Ⅰ.①这… Ⅱ.①吴… Ⅲ.①中等资产阶级—消费—研究—中国 Ⅳ.①F126.1

中国版本图书馆CIP数据核字(2020)第180386号

书名	这个国家的新中产：新中产画像与未来商业白皮书
作者	吴晓波频道　编著
出版	中国友谊出版公司
策划	杭州蓝狮子文化创意股份有限公司
发行	杭州飞阅图书有限公司
经销	新华书店
制版	杭州真凯文化艺术有限公司
印刷	杭州钱江彩色印务有限公司
规格	710×1000毫米　16开 16印张　200千字
版次	2020年10月第1版
印次	2020年10月第1次印刷
书号	ISBN 978-7-5057-5006-7
定价	65.00元
地址	北京市朝阳区西坝河南里17号楼
邮编	100028
电话	（010）64678009